Cada forma de ausência
é o retrato de uma solidão

Marco Severo

Cada forma de ausência é o retrato de uma solidão

1ª reimpressão

© Moinhos, 2017.
© Marco Severo, 2017.

Edição:
Camila Araujo & Nathan Matos

Assistente Editorial:
Sérgio Ricardo

Revisão:
LiteraturaBr Editorial

Diagramação e Projeto Gráfico:
LiteraturaBr Editorial

Ilustração da Capa & Capa:
Humberto Nunes

Nesta edição, respeitou-se o
Novo Acordo Ortográfico da Língua Portuguesa.

Dados Internacionais de Catalogação na Publicação (CIP) de acordo com ISBD

S498c
Severo, Marco

Cada forma de ausência é o retrato de solidão / Marco
Severo. Belo Horizonte : Moinhos, 2017.
202 p. ; 14cm x 21cm.
ISBN: 978-85-92579-57-9

1. Literatura brasileira. 2. Romance. 3. Moda. 4. Drama.
5. Suicídio em massa. 6. Ficção. I. Título.

2018-1014

CDD 869.89923
CDU 821.134.3(81)-31

Elaborado por Vagner Rodolfo da Silva - CRB-8/9410

Índice para catálogo sistemático:
1. Literatura brasileira : Romance 869.89923
2. Literatura brasileira : Romance 821.134.3(81)-31

Todos os direitos desta edição reservados à
Editora Moinhos
editoramoinhos.com.br
contato@editoramoinhos.com.br

Sumário

O importante é ter Deus no coração, 11
O lado de cá da prisão, 16
Caminho aberto a facão, 23
Festa, 43
Mudança, 48
Procedimento banal, 64
Ser chacrete não é pra qualquer uma, 67
Omnia mutantur, 76
O relógio do coelho de Alice, 82
Chupeta de baleia, 86
A âncora encoberta pelo mar, 97
Glorinha, de olhos abertos, 117
Método de sobrevivência, 126
Grande e duro, 131
Santinha, 142
Curral, 147
Notícias populares, 158
Na contramão, 164
Fofura, 168
Vermes, 175
Quem nasceu pra ser canalha, 184
Uma infinita solidão, 190

Este livro é para os amigos

Cristina Carneiro
Eugênia Cabral
Getulio Sampaio
Renato Soares

Com vocês eu nunca estarei sozinho.

E para a professora Maria Odirene Nogueira de Almeida,
por me fazer ver além.

Meu agradecimento a Carolina do Vale,
que me deu o título do livro de presente.

*A vida é um pequeno espaço de luz entre duas nostalgias:
a do que ainda não se viveu e a do que já não se poderá mais viver.*

Rosa Montero, na obra "La Carne".

*Omnia mutantur nos et mutamur in illis.
("Todas as coisas mudam, e nós mudamos com elas.")*

Provérbio latino

O importante é ter Deus no coração

Abri a porta para o homem que veio entregar o garrafão de água mineral e indiquei com um gesto de mão o local no corredor, perto da cozinha, onde ele deveria colocá-lo. Em outros tempos eu mesmo o levaria até o devido local, mas ultimamente andava com uma dor nas costas quase incapacitante. Como dona Onória já tivesse chegado, olhei pra ela e falei, Antes da senhora ir lavar o banheiro, poderia por favor levar o garrafão até o quartinho? Ela estava com a boca cheia de pão mas fez que sim com a cabeça. Quando eu já estava dando as costas, ela disse, Agora eu também tô vendendo água. O assunto não me interessava diretamente, mas a informação capturou minha curiosidade. Como é, dona Onória? Meu filho tá fazendo supletivo de noite, passava a manhã e a tarde em casa sem fazer nada, só comendo bolacha com margarina, meu marido pegou o seguro-desemprego dele, pediu um dinheiro emprestado e agora o menino passa a manhã e a tarde pra cima e pra baixo entregando água.

Tem é saído, viu? Disse o que deveria dizer: Fico muito feliz pela senhora, dona Onória. E como minha língua não consegue parar quieta na boca, complementei, E lhe digo mais: se a senhora precisar parar de trabalhar pra mim pra ir cuidar dos seus negócios, eu quero mais é que a senhora prospere. Pude ver o seu rosto ruborizado e sua alegria incontida ao chamar o serviço de entrega de água dela de um "negócio". Eu sei que o senhor fica alegre. Por isso que eu lhe disse, falou ela, terminando de engolir o pão. Por alguns segundos ela deve ter se sentido uma empresária. Isso até olhar pra vassoura e pros panos de chão. Dona Onória também tinha algo a complementar: Mesmo se eu começar a ganhar dinheiro vendendo água, não vou deixar de trabalhar pro senhor. Saio de todas as outras pessoas, daqui não.

Ela já havia dito outras vezes que tinha algum tipo de dívida comigo. Quando eu me mudei pra esse apartamento onde moro agora, dei um monte de coisas a ela: geladeira, fogão, botijão de gás, uns móveis. Coisas que eu ia recomprar para a casa nova, logo, não as dei à dona Onória por nenhum motivo especial. Passei tudo aquilo para ela porque eu tinha preguiça de ir atrás de alguém que quisesse comprar. E diabos, a mulher ia ficar feliz, custava nada vê-la mostrando um pouco os dentes.

O fato é que aquilo me enchia o saco. De vez em quando ela mencionava as tralhas que eu havia dado a ela, só pra eu me sentir um filho da puta da trupe de Cabral querendo comprar os índios com espelhinhos.

Passou a trabalhar cantando, ela que era invariavelmente tão calada. Calhou de a dor nas minhas costas piorar, e eu tirei licença de quinze dias no trabalho para fazer tratamento. Acontece que eu tomava os remédios, fazia a fisioterapia e voltava pra casa, onde, três vezes por semana, tinha que aguentar dona Onória cantando aqueles hinos de igreja. Pelo visto o negócio está cada vez melhor, hein, dona Onória? Ora se estão, ela disse sorrindo. Já pedi foi pra sair de uma das casas onde faço faxina. Agora não preciso mais trabalhar dia de sábado. Ela deve ter dito aquilo pra me atingir, porque ela sabe que eu trabalho aos sábados. Fiquei ainda mais incomodado com a nova dona Onória sorridente.

Com o passar dos dias fui melhorando e voltei a dirigir. Cheguei pra ela e disse, Escute: hoje, quando a senhora terminar, eu vou deixá-la em casa. Ah, seu Alexandre, não precisa, disse ela. Eu sei que não precisa, mas eu quero. Estou sem fazer nada em casa, é bom que me distraio. Por volta de 5 horas da tarde ela chegou para mim e disse que estava pronta para ir embora. Paguei a diária referente ao seu trabalho, dei a ela uns pães e biscoitos que eu não ia mais comer. Ela aceitou contente, dizendo que "sempre tinha algum irmão na igreja precisando", e foi comigo até o carro, no subsolo.

Ela foi me indicando o caminho. Entrei em becos e ruelas dos quais eu não sabia se iria conseguir sair depois, uns lugares esquisitíssimos, cheios de esgoto correndo nos pés da calçada e uns casebres de dar pena. É ali, naquela casa de muro rosa, ela disse. Deixei que ela falasse o resto sozinha, completando, para mim, a verdadeira razão de eu ter me metido ali. É bem ali, ó — disse, apontando — que fica a garagem que meu marido alugou pra colocar nosso negócio de entrega de água. Era um espaço de não mais de três metros por dois, com vários garrafões de diversas marcas, empilhados uns sobre os outros. Dei um sorriso e fiz um muxoxo, seguido de algum som qualquer pra que ela entendesse que eu estava acompanhando sua explicação, que eu já sabia que ela ia dar, porque para mim era muito claro que o lugar do "negócio" de dona Onória seria perto de casa, para não terem que gastar com passagem de ônibus.

Deixei passar algumas semanas. Dona Onória continuava alegre e além de cantar passou também a assobiar. E, claro, de vez em quando me falava de mais uma casa onde ela deixara de trabalhar, porque não era preciso. Até o fim do ano eu vou ficar só aqui na casa do senhor, ela me informou um dia entre uma música e outra. Nunca pensei que vender garrafão de água fosse tão bom. Não fosse o empréstimo, a gente já tava bem melhor de vida, seu Alexandre. Que bom, foi tudo o que disse.

Naquela noite, conferi se meu GPS tinha gravado direitinho o trajeto que fiz até a casa de dona Onória, esperei a madrugada se instalar, peguei o carro da minha mulher, que estava viajando, e voltei ao local. Observei se tinha gente por perto. De longe, eu só ouvia o barulho de uma televisão ligada em algum lugar da vizinhança, provavelmente alguém dormindo de boca aberta bem em frente a ela. Não me preocupei, o carro tinha vidro fumê. Abri a janela, acendi os três coquetéis molotov e joguei um pelo portão da frente e os outros dois no telhado. Do retrovisor do carro vi o clarão do fogo consumindo os garrafões de polipropileno, um material altamente combustível. Fui para casa dormir.

No dia seguinte, dona Onória me ligou contando o ocorrido, e disse que passaria uns dias sem ir. Mas por favor, seu Alexandre, não arranje outra pessoa. Não se preocupe, garanti. Daqui a uns dias você volta. Do outro lado da linha, ela agradeceu várias vezes, chorando.

Quando dona Onória voltou, disse que ninguém sabia quem tinha feito aquela maldade, que só podia ser alguém sem Deus no coração, diferente de mim, um homem tão bom. Para piorar, o marido ia ter que pagar ainda não sei quantas infinitas parcelas do empréstimo que havia feito para o empreendimento. Que tristeza, dona Onória. Mas o importante é ter Deus no coração e acreditar que as coisas vão melhorar, assegurei. Prometi a ela que iria indicá-la para conhecidos, já que os antigos patrões dela tinham conseguido outras pessoas para o seu lugar, mas não me dei ao trabalho. Se alguém pedir o telefone, dou. Não sou uma pessoa ruim, sou só esquecido.

Hoje, dona Onória não canta mais. Melhor assim, tudo como era antes. Voltei a ter paz. De vez em quando eu a vejo chorando em algum canto da casa. Logo mais isso passa.

O lado de cá da prisão

Acordei de madrugada com uma ligação do meu pai dizendo que minha avó havia morrido. Fazia quase um ano que não nos falávamos, eu e meu pai, e a morte de sua mãe não chegou sequer a ser uma desculpa para falar comigo, já que pelo visto nossa última conversa, na verdade praticamente uma briga, ainda estava atravessada em algum lugar dentro dele porque quando ouviu minha voz disse apenas, Se quiser ir, o enterro vai ser amanhã à tarde, e desligou.

Da minha avó eu também já não sabia muito, a não ser que ela vinha ficando cada vez mais debilitada, e nos últimos tempos, esquecendo ou confundindo os nomes das pessoas. Há tempos eu não ia visitá-la. Quando criança, costumava passar minhas férias na casa dela, mas depois que a faculdade e o trabalho surgiram eu me vi consumido por ambos, o que gerou desinteresse em viajar quase 300Km para visitar uma pessoa que o tempo distanciou física e emocionalmente de mim.

Levantei da cama como um soldado que se ergue para cumprir uma obrigação. No tapete ao lado da minha cama, Zuckerman, meu labrador de quase cinco anos, olhava para mim, intrigado. Também acordou antes do previsto, hein, Zuck? Em resposta, ele bocejou longamente. Tomei banho, fiz um café e coloquei dentro de uma sacola roupas limpas apenas para o caso de acontecer algo com as que eu vestiria para a viagem. Minha intenção era ir e voltar no mesmo dia.

Às oito horas, liguei para o seu Lindovan, que sempre cuidava do Zuck quando eu precisava viajar. Expliquei a situação, ele disse que não havia problemas, fiquei de deixar a chave do apartamento na casa dele quando fosse pegar a estrada, e que assim que eu voltasse entraria em contato com ele para pegar minha chave de volta e pagá-lo, como sempre fazíamos. Estava tudo certo. Em seguida liguei para o trabalho e disse que só iria no dia seguinte.

Cheguei cedo demais na terra de meus antepassados. Estavam todos lá, no velório. Meu pai e sua única irmã, a esposa dela, e minha mãe, que havia se separado do meu pai quando eu ainda estava entrando na adolescência. Primos também haviam ido para o enterro, suspeito que com a mesma vontade que eu. Ninguém chorava. Um ou outro fungava de vez em quando, e só. Àquela altura da vida, partir significava um alívio para todos os membros da família. Estava decretado o fim dos gastos com cuidadoras, alguém para dormir, remédios e alimentação especial. A casa seria vendida e dividida entre os dois filhos da matriarca, que receberiam de volta um pouco do que gastaram nos últimos anos, e seguiriam suas vidas sabendo-se, cronologicamente, os próximos da fila.

Pouco tempo depois que eu cheguei, minha mãe veio em minha direção, muito séria, me dar um beijo em cada face. Recebi-os, estático. Como vai, Alonso? Disse que ia bem, olhando para a movimentação em volta. Ela viu que não ia adiantar puxar assunto. Minha mãe tinha a estranha maneira de buscar se reaproximar dos distantes com a simpatia de um general. Quando não, muitas das vezes, era soltando piadinhas irônicas. Onde ela queria chegar com aquelas estratégias eu nunca entendi, e agora não há mais como. Você deveria ajudar sua prima a pegar os salgadinhos e as bebidas que vão servir no velório, disse, antes de sair de perto de mim. Olhei para o lado e vi Sueli indo em direção ao seu carro, sozinha. Fui até ela e ofereci ajuda. Embora inconsciente, era impressionante o poder que minha mãe ainda exercia sobre mim.

Enchemos os bancos traseiros do carro de salgadinhos e refrigerantes. Eu não sei quem eles tanto esperavam que fosse para aquele evento, porque não havia tanta gente assim na casa de nossa finada avó. Começamos a comer no carro mesmo, e entramos na sala da casa dela, onde acontecia o velório, ainda de boca cheia, nos olhando com uma cumplicidade que não tínhamos desde a infância, quando passávamos nossas férias correndo soltos pela cidade como se a vida fosse ser daquele jeito pra sempre.

Somente na volta falei brevemente com meu pai, que fez um gesto de cabeça apenas para indicar que me ouvia. Todos à nossa volta sabiam da situação que nos enredava.

Durante uma festa de natal, meu pai foi flagrado aos beijos com a esposa de um irmão da minha mãe. Era o final da festa e os últimos convidados estavam indo embora. Quando o irmão de minha mãe não viu a esposa nem meu pai acompanhando os familiares que partiam, alguma coisa deve ter aguçado seu instinto de marido traído e o fez voltar correndo para o quintal, onde o carvão esfriava depois de retirado o último pedaço do churrasco. Então, ele viu a cena. O que aconteceu depois disso, para além da pancadaria entre os dois homens ocorrendo sob a gritaria de suas esposas, foi a inevitável separação dos dois casais. No desenrolar das confusões com a justiça, minha mãe soube que eu já tinha conhecimento que meu pai estava tendo um caso e achou que eu estava dando cobertura a ele, o que eu neguei. Minha mãe, que chegava em casa do trabalho muitas horas antes do meu pai, me levava para o seu quarto para que tivéssemos longas conversas sobre o assunto. Como resultado, meu pai passou a achar que eu estava ajudando a minha mãe a encontrar uma maneira de tirar o máximo possível dele no divórcio que se avizinhava, servindo de testemunha a favor dela, talvez. Espremido no meio de um jogo que não era meu, entrei em depressão e perdi boa parte dos pelos do corpo, além de muitos quilos. Com medo que eu morresse e sem encontrar uma solução mais inteligente, ela entendeu de dizer que iria perdoá-lo, meu pai voltou para casa, mas passaram a dormir em quartos separados. Aos olhos de ambos, porém, eu era o pivô de todo o cenário de pós-guerra que se tornou a relação deles, e viver com eles dentro daquela casa era tão opressor que decidi fugir. Saí de casa sem rumo e sem coisa alguma. Eu queria ser encontrado, mas estava dando o meu recado: com os dois juntos, quem sairia era eu, nem que fosse dentro de um caixão. Eles compreenderam o que precisava ser feito. Durante muitos anos, lutei para fazê-los entender que eu era a vítima, não o algoz, mas a verdade é que eles nunca se interessaram pelo que eu tinha a dizer. Minha relação com eles, contudo, ficou maculada para sempre.

Eu e Sueli resolvemos servir os salgadinhos nós mesmos. Era preciso acabar com todo aquela comida e enterrar a velha o quanto antes. Quanto menos tudo aquilo demorasse, menos tempo eu iria dirigir na estrada à noite.

Pouco mais de uma hora depois dos primeiros salgadinhos, porém, ouvi alguém correndo em direção ao banheiro com pressa e batendo a porta com força. Era um dos meus primos. Quando ele saiu, já havia alguém querendo utilizar o banheiro, que subitamente passou a ser o lugar mais frequentado da casa. Quando eu parei para tomar água, senti que eu também não escaparia. Com uma fila se formando à porta do único banheiro da casa, corri para uma farmácia que ficava vizinha à casa de minha avó, avisei que era uma emergência e entrei para a única porta que havia depois das prateleiras, onde só poderia ficar o banheiro dos funcionários.

Quando entrei novamente na casa, o clima de tragédia era generalizado. Os parentes já haviam se espalhado pelos banheiros das casas de outros vizinhos. Pelo visto, só uma pessoa estava melhor do que todos os outros: a única que não poderia comer nem beber nada. Olhei para a Sueli, que tomava água como se tivesse comido sal, E agora, como vai ser? Eu não faço a menor ideia, ela disse, Mas pelo visto, só quem vai ao enterro da vó vão ser os coveiros. Não tem ninguém em condições de ficar a menos que alguns metros de uma privada.

Alguns dos presentes, porém, não se intimidaram, e mesmo correndo o risco do vexame se encaminharam para o cemitério, que ficava perto dali e onde eu mesmo não estivera desde a morte do meu avô, dezoito anos antes. Eu não fui uma dessas pessoas.

De uma coisa, porém, eu tinha certeza: não havia a menor condição de viajar daquele jeito. No meu caso, particularmente, além de precisar evacuar a cada vinte minutos, as hemorroidas inflamaram, e cada ida era um sangramento, o que tornava a viagem de volta impossível antes d'eu estar realmente bem.

Toda aquela agitação pareceu piorar o humor de muitos, e eu decidi que iria me hospedar numa pequena pousada perto da casa da minha avó. Antes, passei numa lojinha capenga para comprar algumas bermudas e camisas que eu descobri que iria precisar. Cheguei na pousada em situação de emergência. Do banheiro, mandei uma mensagem para a minha chefe. No dia seguinte, a maior parte dos parentes já havia se dispersado, mas eu continuava com cólicas terríveis. Vi meu pai entrar num carro e ir embora sem falar comigo, e minha mãe e seu atual marido fazerem o mesmo. Soube depois que o vizinho da minha avó, dono da farmácia, havia comprado a casa dela ainda em vida, para ajudar meu pai e sua irmã a saírem de uma enrascada financeira. Eles ficaram de voltar dali a alguns dias, para finalizar os trâmites legais, e isso seria tudo.

Uma semana depois, eu estava exausto, mas pronto para voltar para minha cidade e para o trabalho. Peguei a estrada mais leve, disposto a deixar debaixo da terra não só uma vó desamada, mas também o meu passado. Com minha avó Camila morrera, enfim, meu último vínculo com aquela cidade e aquela que eu acreditava ser minha última obrigação com meus vivos e mortos.

Abri a porta de casa esperando Zuckerman pular em mim, como sempre fazia quando passávamos dias sem nos ver. O que senti, no entanto, foi um cheiro acre aparentemente ocupando todos os espaços, o ar pesado. Provavelmente deixei algo fora da geladeira e estragou, pensei por um segundo, sabendo que estava tentando me enganar. Corri para o meu quarto, onde vi Zuckerman deitado na minha cama, com a cabeça sobre as patas dianteiras. Chamei por ele, e nada. O odor estava mais forte agora. Percebi que meu cachorro havia morrido de fome, pacientemente me esperando, na expectativa, talvez, de que eu surgisse do nada para dá-lo de comer. Eu só saberia depois, muito depois, que seu Lindovan havia sido preso no mesmo dia em que eu viajei, durante uma briga de bar.

Naquele momento, porém, eu só conseguia chorar abraçado ao meu cachorro. Chorei por todos: pela indiferença para com a minha avó, pela perda da amizade com os primos, pela ausência de um mínimo amor filial. Chorei por tudo o que estava contido, represado há tanto tempo. As memórias de Zuckerman ainda filhote me invadiam, misturadas às lembranças de infância que eu tinha dos meus pais. Voltei para uma tarde em especial, em que eles brincavam comigo no mesmo quintal que um dia seria o símbolo da ruptura; uma mangueira aberta, água para todos os lados, e nós três com as roupas encharcadas rindo, rindo, rindo tanto antes de tudo. Porque sempre tem o antes de tudo para virar memória. E era por elas que eu me via agora inundado. Zuckerman continuava lá, me esperando, e ficaria lá até virar ossos se eu deixasse, ignorando que o tempo passa cauterizando tudo e nos levando para frente, impreterivelmente. Nós, que somos feitos de pele enrugada, cicatrizes e mais nada.

Caminho aberto a facão

Nunca fui homem de voltar atrás numa palavra dada. Sou assim desde pequeno. Se a memória não me vem com traição agora, a primeira pessoa que provou do gosto do que eu digo foi uma tia minha que enfiou arroz doce na minha goela quando eu tinha uns oito anos, a tia Danúbia. Eu tinha dito a ela que não gostava daquilo, e a cabra velha veio me dizer, Se meus filhos comem, você não vai comer por quê? E, segurando meus braços, enfiou colher atrás de colher na minha boca, mal dando tempo de eu respirar e mastigar. Teve uma hora que saiu arroz pelo nariz; mesmo assim, a sádica continuou me forçando a comer tudo que tinha no prato. Entre uma cusparada no chão e mais uma colherada, olhei bem nos olhos dela e disse, Ainda vou destruir o que é teu de comer. Aí foi que ela me segurou mais forte. E tinha força, a filha da puta. Claro que contribui muito pra isso o fato de eu ter sido um menino muito adoentado até os dez, onze anos. Cresci mirrado, sem força, os cambitos de fazer vergonha.

Nesse tempo eu morava no interior, e ficávamos, eu e meu irmão Teodoro, na casa dela todas as tardes depois que chegávamos da escola, porque meus pais trabalhavam num roçado a alguns quilômetros dali, numa cidade vizinha, e só chegavam de noite, num caminhão que trazia os peões de volta.

Pois foi justamente quando eu estava com uns dez ou onze anos que fomos pra cidade grande. Meu pai tinha arranjado um emprego bom por lá. Quer dizer, bom pra ele, que trabalhava de sol a sol arando terra dos outros. Ele ia ser porteiro de um prédio que só tinha escritórios. Vinte e dois andares só de homem engravatado. E ele lá no térreo, trabalhando na sombra, sentado, com água pra beber na hora que quisesse e falando baixinho, nem parecia aquele homem que eu vi ainda bem menino. Minha mãe também não ia ficar sem fazer nada. O cara que contratou meu pai era bom, disse que minha mãe podia ser a empregada da casa deles, que ocupava um quarteirão inteiro e ficava num bairro um pouco mais distante. Era quase um sítio, aquilo lá. A gente morava numa casinha por trás de umas mangueiras, mais afastada da casa grande, onde morava o patrão do meu pai com a mulher e duas filhas quase da minha idade.

Seu Sérgio, o nome dele. Tinha um coração grande. Nas festas das filhas, que eram eventos que enchiam a rua de carro estacionado de um lado e do outro, ele sempre convidava eu e meu irmão. Nas primeiras mamãe não deixou que a gente fosse. Tinha vergonha. Anos depois eu soube que, para o meu irmão, ela dizia que não tinha tempo de ficar nos pastorando pra saber se a gente ia puxar briga com os filhos dos outros. Pra mim, que desde pequeno não toleraria esse tipo de argumento, ela dizia que não tínhamos roupa. Mas depois, com o ordenado que meu pai ganhava, deu pra comprar uma roupinha de festa pra mim e outra pro meu irmão. Depois veio a esposa do seu Sérgio, a Suzete, trazendo uma calça e uma camisa que ela achava que iam caber direitinho em mim. Ela disse que não tinha dado nada antes porque só tinha filha mulher. Mas parece que a roupa do filho de um irmão dela tinha ficado perdida pro menino, e veio pra mim. Assim que eu vesti fiquei me sentindo um fantoche sem estofo, com pano sobrando para todos os lados. Mas depois minha mãe fez uns ajustes e ficou bom. Pelo menos eu agora tinha duas roupinhas de sair, não precisava ficar repetindo toda vida a mesma coisa.

Enquanto o pessoal comia e bebia, eu ganhava picolé e pastel de carne, que uma negra que eles contratavam toda festa pra ser garçonete ia deixar pra mim lá na parte de trás da casa, onde eu ficava com outras crianças que parece que eram filhos de funcionários desse prédio onde meu pai trabalhava, não lembro bem mas acho que era isso mesmo. Mas não era só nas festas que eu ganhava coisa não. Às vezes o motorista do seu Sérgio trazia, a mando dele, chocolates pras filhas. Eram uns chocolates de nomes esquisitos que muitos anos depois fiquei sabendo que era coisa fina: Lindt, Kopenhagen. Seu Sérgio balançava a sacola cheia na minha frente, dava uma olhada rápida antes de meter a mão lá e tirava um Ouro Branco pra mim. Eu demorei a entender por que sempre saía o mesmo. Além do mais, parece que era sempre bem escolhido. O recheio até que era gostoso, mas a parte que era pra ser crocante vinha parecendo pão adormecido, todas as vezes. Mesmo assim era bom.

Eu e meu irmão íamos pra escola pela manhã e tínhamos o resto do dia livre. Quem terminasse as tarefas de casa primeiro corria pra dentro daquele terrenão enorme, jogar pedra pra derrubar manga e caju, fazer arapuca pra pegar passarinho, subir nas árvores pra ver os ninhos de perto. Eram tempos de liberdade e pouca preocupação, vividos dentro daquele lugar que mais parecia um refúgio dentro da cidade grande. O micro contido no macro.

Isso até aparecer gente para povoar a região. Lembro que foi durante as férias escolares de janeiro que os vizinhos da frente chegaram. Enquanto o terreno onde morávamos era gigantesco, bastava atravessar o olhar para o outro lado da rua pra ver um monte de casas, uma do lado da outra, separadas por muros compartilhados, ocupando todo o quarteirão bem diante da gente. Eles foram para a casa da esquina.

Eu não guardo muitas lembranças porque estava mais uma vez adoentado, sem sequer conseguir colocar o pé fora da cama sem gemer, mas minha mãe me contou depois que no dia seguinte ao que eles se mudaram, deram uma festa enorme. De qualquer lugar no quarteirão se podia ouvir tambor, gente gritando, umas músicas esquisitas, um pessoal entrando e saindo da casa cheios de colares coloridos, turbantes na cabeça e roupas de cores claras. Na mesma semana se espalhou a notícia de que nossos novos vizinhos eram macumbeiros. Achei a descrição da minha mãe uma coisa linda, e fiquei curioso pra ver.

No final da semana, consegui escapulir da escola antes e fiquei um tempo diante do portão da casa deles. Uma senhora muito bonita se aproximou de mim e perguntou se eu queria entrar. Fiquei com medo na hora, mas meu instinto felino prevaleceu. E acabou me convidando para uma festa que haveria lá no sábado, acrescentando, Traga a sua mãe. Antes mesmo de perguntar a ela, eu disse que ia. Acho que minha mãe também queria saber o que se passava na casa deles, porque nem precisei falar muito pra que ela topasse. Passei a quinta e a sexta inteiras esperando pelo sábado. No horário marcado, usei minha roupa quase nova e fomos. Quando chegamos, as festividades já estavam bem adiantadas. A mesma mulher que me convidou me pegou pelo braço e foi comigo até um lugar mais afastado de todo mundo, onde de canto de olho eu via muita pipoca sendo jogada pro alto, muito doce, refrigerante, e gente entoando uns cânticos num ritmo contagiante. Era dia de festa de Cosme e Damião.

Olha pra mim, meu fio, disse a mulher, pegando no meu queixo e virando minha cabeça pra ela. Eu tô veno aqui que você tem uns pobrema nos pulmão. Confere, mãezinha?, perguntou ela, olhando direto pra minha mãe. É, confirmou secamente. Eu via a apreensão no seu olhar materno. Apois eu vou lhe dá um caldinho de galinha preta e vou rezá em cima de você e daqui pa frente você nunca que vai mais é tê nada. E assim ela fez. E a partir desse dia meus problemas asmáticos e todos os outros que surgiam a partir dele foram para o espaço.

Antes das férias acabarem eu voltei na casa dela, Dona Perpétua, eu quero saber se a senhora pode me ajudar com uma coisa. Apois diga o que é, meu fio. A senhora pode fazer uma reza pra matar uma tia minha? Ela riu de boca escancarada, a ponto d'eu ver a gengiva endurecida e todos os seus poucos dentes. Dêxa eu lhe dizê uma coisa, meu fio: aqui nós não faz nada pra derrubá ninguém. Se você qué derrubá alguém, isso aí quem resove é você sozinho. Não meta o povo de aruanda nisso que não há de dá certo! Agora quero lhe dizê que vou rezar pela sua mãe, porque ela tá precisanu e é muito, meu fio.

Cheguei em casa dizendo a minha mãe que estava morrendo de saudade da tia Danúbia e queria ir lá antes do final das férias. Por sorte, já que se fosse só eu talvez ela não deixasse, meu irmão disse que queria ir também e ela acabou nos mandando juntos para a casa dos nossos avós, só porque ela não confiava muito nessa história de saudade da tia. Ela estava certa, mas de nada adiantou mandar o Teodoro comigo pensando que com isso estava se prevenindo.

Assim que o dia amanheceu eu disse que ia visitar a tia. Fui andando mesmo porque não tinha perigo de nada, e agora que eu sentia que nunca mais ia ficar doente, fiquei também destemido. Nem bem coloquei os pés na casa dela, pedi um copo d'água e fiquei olhando o terreiro enquanto ela ia no pote buscar. Vi o terreno de chão batido, onde ela criava alguns porcos em chiqueiro e mais de trinta galinhas. Quando ela me ofereceu um pedaço de bolo, eu disse que queria arroz doce. Ela riu, a cretina. Mas pareceu ter visto na minha cara algum sinal de que eu estava prestes a aprontar, porque logo anunciou que precisava ir ao mercado, na certa achando que com isso eu iria embora. Vou com a senhora, ajudo a trazer as compras, disse. Talvez com medo de que eu fosse causar algum rebuliço por lá, cometeu seu erro fatal. Quer me ajudar? Pois fique aí debulhando todo esse milho que está ali dentro do quarto. Quero fazer pamonha e canjica pra vender. Tudo bem, eu falei, já indo para o quarto, onde coloquei perto de mim umas bacias para jogar os grãos. Quando ouvi a porta batendo, fui até lá pra confirmar que ela havia mesmo saído, larguei no chão o sabugo que tinha nas mãos e desci os degraus até o terreiro.

A primeira galinha veio fácil. Peguei-a pela asa e torci-lhe o pescoço com força. Ela saiu se batendo no chão e espalhando as outras para todos os lados. Mas a cerca era alta e elas não tinham para onde ir. Depois dessa, peguei outra, e mais outra. Quando já tinha matado quase vinte, uma mulher gritou do outro lado da cerca, Acudam que tão matando as galinhas de dona Danúbia! Decidi que tinha de ser mais rápido. Pegava-as de qualquer jeito, torcia o pescoço e jogava para o lado. Assim eu fiz, até que todas as trinta e duas estivessem mortas. Minhas roupas estavam cobertas de sangue e penas, e eu estava fedendo àqueles bichos pestilentos. Mas antes que eu pudesse fugir dali, um homem veio não sei de onde e agarrou meus braços.

À noite, atendi uma ligação da minha mãe, aos prantos. Elói, era o diabo que estava no teu corpo, meu filho? Ouvi tudo o que ela dizia entre soluços. Quando me deixou falar, contei toda a história pra ela. Terminei perguntando se ela lembrava do dia que teve que me levar para o hospital numa cidade a cinquenta quilômetros de onde a gente morava, com uma crise de asma. Expliquei para ela o que tinha acontecido na casa da irmã dela e o que tinha deflagrado aquele horror daquela noite, com a maldita mulher enfiando arroz em mim à força. Disse também que não me arrependia pelo que tinha feito. E concluí: A saudade da tia Danúbia passou, já posso voltar para casa.

Eu e Teodoro voltamos em dias diferentes. Acho que ele sentia muita vergonha de mim, mas não só. A verdade é que ele também tinha medo que eu sofresse alguma represália da população pelo que tinha feito e, se estivéssemos juntos, poderia arcar comigo as consequências de algo que eu havia feito sozinho. Por mim, tudo bem. Eu tava adorando aquela vida de famoso naquela cidade de merda.

Depois do que aconteceu, minha mãe nunca mais foi a mesma, nem comigo nem com ninguém. Passou a pedir que disséssemos repetidas vezes o que acabáramos de dizer, como se estivesse ficando surda, quando na verdade o que acontecia era que agora mamãe vivia aérea, como se não estivesse em lugar nenhum, apenas pairasse.

Por isso que eu compreendi perfeitamente a forma como ela morreu, quando eu estava quase terminando o colegial. Era uma sexta de manhã e eu estava em casa porque não tinha terminado de fazer um trabalho imenso que o professor tinha pedido e eu não quis dar as caras na sala de aula sem aquele troço na bolsa. Eu tinha meus próprios escrúpulos. Há muito meu pai tinha saído pra trabalhar e levado na garupa da moto o meu irmão para o lugar onde eu também deveria estar. Fiquei na cama resolvendo umas cruzadinhas que eu tinha achado numa pilha de jornais antigos. Eu estava calçando meus chinelos para ir perguntar sobre o almoço quando ouvi o bum da explosão. Corri para a cozinha descalço mesmo e vi minha mãe no chão. Por toda a cozinha, pedaços de comida nas paredes e depois soube que tinha pedaços da cara da minha mãe pregados lá também. Olhei para ela e vi a marca da panela de pressão afundada em seu rosto. Não tinha mais nariz, nem um dos olhos, a boca parecia um pedaço de carne cortado de qualquer jeito. Eu corri para a casa do seu Sérgio e as outras empregadas dele chamaram uma ambulância. Os paramédicos chegaram apenas para constatar o óbvio: minha mãe estava morta.

Desde que eu matara as galinhas de tia Danúbia que seu Sérgio e dona Suzete haviam dispensado minha mãe dos afazeres domésticos pesados. Diziam que ela tinha que passar um tempo mais voltada para suas próprias coisas, porque ela estava "com o psicológico abalado". A verdade, porém, é que minha mãe estava deprimida e não dava mais conta do que precisava ser feito. Liberada para ficar em casa a maior parte do tempo, terminou morrendo. Eu entendi que era aquilo que tinha que ser.

Me despedi da minha mãe num sábado bonito pra tomar cerveja e comer churrasco. Meu pai estava com aparência de bicho atropelado em rodovia, que morre sem entender nada. Não era nem uma cara de tristeza, o velho guardava em si uma cara remediada. Teodoro era o único que aparentava o abalo no físico. Chorava de soluçar. A última pá de terra sobre o caixão da minha mãe selou também nossos destinos.

Na semana seguinte eu peguei o primeiro ônibus para o interior, meu pai saiu de casa e se juntou com uma loira da sobrancelha preta meses depois, e Teodoro se afundou nos estudos. Seu Sérgio deixou ele ficar morando lá até terminar o colegial. Depois, até terminar a faculdade. Eu não disse que ele tinha um coração bom? Eu, ao contrário, sempre fui um cara prático. Por onde o caminho estivesse mais favorável eu deslizava, como se seguisse no chão rastros feitos anteriormente por dar menos trabalho que abrir outros, novos.

Foi por esse motivo, também, que eu descobri que podia matar. Não existe muita diferença entre matar galinhas e matar gente, desde que, em ambas, você saiba escapar sem ser pego ou punido.

Quando resolvi voltar pro interior, não retornei para o lugar onde nasci, onde estava tia Danúbia e o resto dos meus familiares. Eu queria era distância de todos eles. Fiquei vagando sem rumo, vivendo de bicos, recebendo como pagamento, muitas das vezes, apenas o que comer. Ou beber. Numa das cidades onde fiquei mais tempo, quase todas as noites eu terminava meu expediente bebendo sozinho num bar local que vivia abarrotado. Era uma época em que muitas casas vinham sendo construídas ali pelos arredores, e todo peão tinha a mesma ideia que eu.

Minha saga começou por acaso, porque eu entrava e saía do bar sem puxar conversa com ninguém. Até que, nesse dia, puxei. Andava meio caído por uma cabrocha, e acabei bebendo o suficiente pra soltar a língua. Falei para o cara que estava sentando no balcão ao meu lado, já com a fala meio mole, Tem coisa mais sem futuro do que beber por causa de mulher? Antes de me responder, olhou para o homem atrás do balcão e pediu outra dose pra ele e uma pra mim também. Naquela hora, entendi que uma simples fala minha tinha feito o cara achar que eu queria fazer amizade e me arrependi, mas agora não tinha mais jeito. Eu bebo por esse motivo há mais de vinte anos, meu camarada, ele disse.

No outro dia era sábado e eu ia passar o fim de semana em casa. Deixei-me levar pela conversa do Jairo, meu primeiro companheiro de bar. Já passava de uma da manhã quando ele começou a falar da mãe e das irmãs, e de nunca ter conseguido sair daquela porcaria de cidade por causa delas. Todas mulheres dependentes de macho, ele disse. Passou a falar da sua infância. Contei-lhe, então, dos episódios das galinhas, que ainda hoje repercutia na cidade onde eu nasci. Quem mata desse tanto de galinha e desse jeito, é capaz de matar qualquer coisa, até gente. A reação dele me assustou e, passado um tempo, me intrigou. Seria mesmo? Só algum tempo depois foi que compreendi que as palavras dele eram na verdade uma armadilha. Ele me contou o que fazia na cidade, e que já na noite seguinte ninguém ia conseguir dormir. Jairo era um pistoleiro de longa estrada, mas por algum motivo confiou em mim. Bem que você poderia me ajudar no que eu tenho pra fazer aqui amanhã, ele me falou. Mas não se faz a dois um negócio que você foi pago pra fazer sozinho. Pegou o copo no balcão, bebeu tudo de uma vez, se curvou para perto de mim e disse, Agora escuta aqui: me encontre depois de amanhã no restaurante do posto de gasolina no quilômetro 77 da BR que passa ali fora, no final da tarde. Quer dinheiro grande? Pois eu te passo um trabalho fácil de fazer que vai te render uma nota.

Passei o dia inteiro todo me perguntando se eu deveria ir ao encontro, mas fui. Quando se vive de maneira errante, não se tem nada a perder.

Já no bar fantasiado de restaurante — era o que dizia o letreiro, mas aquilo não passava de uma espelunca fudida —, enquanto esperava pelo Jairo, ouvi no rádio que tinham matado o padre e dois coroinhas dentro da igreja, depois da missa, quando ela já estava fechada. Como a cidade só tinha dois policiais, o assassino conseguira escapar sem dificuldade. O mistério, agora, era saber o que aqueles meninos estavam fazendo dentro de uma igreja fechada junto com o padre, na sacristia. Mas isso me interessava menos do que a expectativa de Jairo aparecer a qualquer momento e me dizer o que tinha pra dizer.

Nosso encontro foi rápido. Ele me deu as coordenadas, perguntou se eu topava fazer. Quando eu disse que sim, ele me entregou um revólver.

Não entrei nessa vida matando amante de mulher de marido traído nem resolvendo treta de gente imbecil que queria matar outro por vingança besta. Além de ser muito mais arriscado, porque essas pessoas nunca tinham um álibi por trás, a merreca que elas podiam pagar não compensava nem meu dedo apertando o gatilho. Matar, pra mim, desde o começo foi um ato de vontade aliado a interesse próprio. Profissionalmente falando, eu tinha que primeiro comprar a ideia do meu contratante para então dizer quanto era a bolada que eu tinha que receber. Se ambos os lados concordassem, o negócio era feito. Aquela era a minha ética pessoal. Assim anos se transformaram em décadas. Vivia nos matos, nos pés ou nos altos das serras, sempre de um lugar para outro sem me demorar muito, porque fama de jagunço se espalha rápido. Isso tem seu lado bom também, porque é assim que os capangas de quem tem dinheiro me encontram.

Foi dessa forma que Queiroz me achou enquanto eu tirava um cochilo numa pousada mais vagabunda do que o estábulo onde Jesus Cristo nasceu, num intervalo entre um serviço e outro. Queiroz se denominou "assistente" de uma grande figura política da capital. O recado que ele trazia era direto: a tal figura política estava irada porque nas terras de sua fazenda, por onde passava quase a totalidade dos seus negócios ilícitos, agora havia um fiscal mandado pelo governo. Ele já veio com um papel dobrado que, quando aberto, ficava um negócio quase que um mapa-múndi, onde estava, em desenhos bem detalhados, toda a rotina do cara que eu deveria matar, incluindo onde ele morava, o trajeto que fazia de segunda a sexta, os horários em que ficava no local onde deveria ser assassinado. Conheço esse tipo de estratégia: tenho contratantes que fazem os detalhes todos em papel, pra ficar fácil de destruir sem deixar vestígios que possam ser rastreados. Geralmente esse tipo de mapa não tinha sequer uma cópia. Estava tudo lá, era só chegar e matar. Pedi a descrição do homem em detalhes — sempre foi só o que me bastava, morto pra mim não tem nome —, disse o meu preço e o capanga-assistente concordou. Só uma condição, acrescentou. Continuci olhando pra ele calado, esperando que ele terminasse a frase. Meu patrão quer uma prova de que o cara está morto. Tudo certo, eu disse. Mas prova só quem entrega sou eu, e tem que ser ao mandante. Ih, cara, fudeu. Ele não quer aparecer nessa história, disse. Eu quero aparecer tanto quanto ele, bicho. Mas prova de morte é prova de morte, não mando por atravessador, entendeu? Arranje outro, disse, me virando. Espere aí, ordenou. Puxei a arma, que já estava engatilhada. Tu tá pensando que pode falar comigo assim por quê, otário? Quer perder? Calma, calma, disse o homem, erguendo as mãos. Eu só quero um minuto pra falar com o chefe. Sacou um celular do bolso, afastou-se de mim e voltou em menos de cinco minutos. Tudo certo, afirmou, por fim. Peguei um cartão e fiz uma anotação no verso, Muito bem, eu disse, fazendo movimento de saída novamente e entregando a ele o cartão, Mande ele me ligar na hora e data que estão aí. O resto eu combino com ele.

O homem me entregou a metade do valor que eu pedi, conforme nosso acerto, e foi embora. Quando ouvi que o carro havia se distanciado o suficiente, desdobrei o mapa que ele havia trazido e comecei a arquitetar a emboscada, que deveria acontecer na estrada vicinal, de chão batido de terra, que ele pegava três vezes por semana para verificar as muitas fazendas da região.

Depois de passar alguns dias fazendo o trajeto sozinho, era chegada a vez dele. Mas uma mudança nos planos da futura vítima virou a mesa a seu favor. Já tendo espalhado os pregos pelo caminho, fiquei em posição de tiro no meio da estrada, esperando o carro dele passar. Quando observo, ao longe, não um carro, mas um homem numa bicicleta. Mais do que isso. Um homem *empurrando* uma bicicleta. Eu não estava esperando aquilo: outros quinze anos poderiam se passar, mas aquele andado eu reconheceria aonde quer que eu fosse. Corri até o homem com a arma na mão que, assustado, jogou-se no chão. Deitei-me sobre as suas costas, peguei a faca que carregava no coldre e fiz que ele visse a lâmina. Fez o que todos faziam antes de morrer. Não me mate, implorou. Por favor não me mate! Segurei-o pelos cabelos e fiz que ele olhasse pra trás. Matar sangue do meu sangue, onde já se viu uma merda dessas, Teodoro!

Na mesma hora, saí de cima dele, dei as costas e fui caminhando na direção oposta. Ele veio até onde eu estava, disse que me reconheceu pela voz. Há mais de vinte anos a gente não se vê, meu irmão. Foi isso que você se tornou?, ele disse, tentando me enxergar com o sol batendo em sua cara. Não importa, Teodoro. Você se tornou um homem de leis, eu sempre fui avesso a elas. Vamos deixar as coisas como estão, afirmei. Mas eu posso te ajudar, Elói. Recomeçar, ir embora daqui pra outro lugar. Posso te arrumar algo em que você trabalhe limpo, de forma honesta. E quem disse que eu quero ajuda, Teodoro? Meu destino é só, e é assim que quero seguir com a minha vida.

Ele ficou parado onde estava. Não disse mais nada. Eu continuei a minha caminhada, ouvindo apenas os meus passos pisando naquela terra e naquele cascalho. Só por garantia, pedi as contas da pousada onde estava e fui para outra, noutra cidade a alguns quilômetros dali, esperar a ligação do contratante.

Quando o telefone tocou, eu disse, Já estou com a prova que você pediu. Onde a gente se encontra?, ele quis saber. Falei o nome do motel, e o horário. Tá louco, se encontrar em motel? Pois então a gente se encontra num shopping, eu levo a cabeça dentro de um saco e você recebe lá mesmo, na praça de alimentação, e no outro dia você está preso e eu foragido. Só que minha vida sempre foi fugindo, a tua, em Brasília, acaba na hora que te passarem as algemas em volta dos pulsos. Melhor assim pra você? Tá bom, esquece o que eu falei. Diga aí de novo onde fica essa merda desse lugar.

Esse é o outro lado de lidar com essa gente que pensa que tem o rei na barriga. Até quando se veem na iminência de ficarem fudidaços querem usar imperativos, fazer de conta que estão no controle. Estou acostumado a jogar esse jogo. Pela grana, vale a pena. E depois, não vejo mais esses trastes mesmo, fodam-se.

Antes de desligar, porém, ele disse uma coisa que mudou tudo: A melhor coisa que Sérgio fez foi me mostrar a ponte que levava até você. Provavelmente ele se deu conta que tinha falado demais e quis desligar. Eu sabia que não adiantaria de nada insistir naquele momento, essa gente sabe o peso que tem. Além de correr o risco da ligação estar sendo gravada, se ele já demonstrou interesse em ficar na dele, não seria por telefone que eu ia conseguir que ele escarrasse o que eu queria entender.

Cheguei ao motel no horário combinado. O contratante já havia deixado na portaria as instruções para que eu fosse encontrá-lo no quarto onde estava. Assim que entrei, mostrei a ele a sacola que eu trazia, manchada de sangue, mas sem deixar claro o que estava dentro dela. Fiz menção de passá-la a ele, mas contraí o braço antes que ele pudesse pegá-la. Primeiro quero saber essa história que você começou a falar pelo telefone. Ele recuou. Eu deitei na cama e coloquei minha arma ao meu lado. Não adianta. Quero entender essa história. Você conhece o Sérgio de onde?, perguntei. Por acaso você não se informa de nada, não assiste um jornal?, disse ele de forma sarcástica. Ele também é deputado. Um grande amigo, o Sérgio.

Então era isso que aquele milionário filho da puta havia se tornado.

E como foi que ele conseguiu chegar até mim?, quis saber. Você é o tal pistoleiro conhecido pela história das galinhas que matou, correto? Sérgio sempre gostou dessa história, que vivia contando aos mais chegados. Que um dia morara com ele a família do seu caseiro, cujo garoto havia matado, num acesso de fúria, mais de trinta galinhas. Fiz silêncio. Depois de um tempo, disse apenas, Entendi. Só que eu não estava entendendo porra nenhuma, e percebi que ele estava na retranca pra falar. Mas eu não ia sair dali sem entender. Apontei a arma pra ele, Vamos lá, coloca tudo pra fora, seu bosta.

Ele começou a falar tudo de uma vez, quase sem fazer pausa, Cara, dia desses eu falei pra ele que tinha um fiscal revolvendo tudo que era de documento de todas as fazendas da região. Que o cerco estava se fechando sobre as minhas coisas. Disse o nome do fiscal pra ele. Voltamos pra Brasília na semana seguinte no mesmo avião. Ele me disse que não tinha como tirar o fiscal de lá, mas sabia quem poderia fazê-lo. Quem?, perguntei a ele. O irmão dele, Sérgio me disse. Como assim "o irmão dele"?, falei. Ele disse, Lembra do cara das galinhas? É o irmão dele. Virou um pistoleiro de alto nível, faz o trabalho de forma limpa e sem deixar rastros. Não é como esses feladaputas por aí que são pagos pra matar e transformam a cena do crime num abatedouro só pra mostrar que podem. Ele já fez trabalho pra gente que eu conheço, se você quiser te passo o contato, ele me disse. E garantiu que você não tinha interesse nenhum na vida de ninguém. Nem na do irmão?, inquiri. Eles não se veem há anos, cara. É capaz de nem lembrar mais que tem irmão nesse mundo, foi o que ele me deu como resposta.

Repassei mentalmente tudo o que ele havia me dito. Sérgio havia passado meu contato para o cara que viria a ser meu contratante, e os dois sabiam que o homem que eu deveria matar era o meu irmão.

Pois ele estava errado, eu disse para o contratante, antes de nocauteá-lo com um soco certeiro no meio das ventas. Fiz com ele o mesmo que fiz com o meu irmão: montei-lhe as costas, tirei a faca de caça que sempre carregava comigo. Enquanto eu via o sangue dele pingar de sua boca e ele gemer quase desacordado, disse, segurando com firmeza os seus cabelos, Vão dizer pra sempre que você estava num motel barato com um michê. Mas vou te dar duas coisas: a sorte de não estar mais aqui pra ver tua carreira ser enterrada e a outra, a chance de ter uma coisa que você não merece. Uma cova.

Passei a navalha da faca pelo seu pescoço esticado e, ao contrário do que fizera com as galinhas tantos anos atrás, segurei-o com força, para que seu corpo, que se debatia violentamente sobre o meu, não nos delatasse antes do tempo. Mas fiz mais. Rasguei a embalagem de um caralho de borracha que estava sobre a mesa, abri pacotes de camisinha que dispersei por vários lugares do quarto. Em seguida, sentei numa cadeira lateral e me punhetei até gozar. Lambuzei todo o consolo com minha porra e enfiei no rabo do meu contratante. Retirei da sacola a cabeça do bode que eu havia levado e coloquei em cima dele também. Era bom que pensassem que ele havia feito parte de algum ritual. Em seguida, liguei para a recepção pedindo a conta e fui ao banheiro me lavar. Paguei em dinheiro acrescentando uma hora. Disse a eles que meu parceiro ficaria mais esse tempo, porque não podíamos sair ao mesmo tempo. Acostumados com esse tipo de clandestinidade, a recepcionista não fez qualquer pergunta.

Uma hora era o tempo que eu precisava para estar longe. Bando de filhos da puta. Grandiosíssimos filhos da puta. E eu que passei a vida inteira apostando no bom coração do seu Sérgio.

Cego de ódio, fui até o endereço dele. Observei que, quando ele não estava em Brasília, ele ainda morava no mesmo lugar. Tua hora vai chegar, disse em voz alta. Eu vou voltar aqui e acabar com você e quem mais estiver dentro dessa casa.

Peguei minha moto e caí fora da cidade.

Dias depois, num quarto de hotel, lugar que, não importava onde fosse, eu já me acostumara a achar que era meu lar, liguei a televisão e coloquei no mudo, enquanto, deitado, exercia meu único vício desde a infância: fazer cruzadinhas. Quando levantei a vista, vi a ex-esposa do deputado dando uma entrevista num desses programas vespertinos em que as apresentadoras levam o tempo lendo revistas de fofocas para analfabetos e apresentando produtos para esse mesmo público comprar parcelando em trinta e seis vezes. Na legenda na parte de baixo da tela, a frase sensacionalista: "EX-MULHER DE DEPUTADO ASSASSINADO DARÁ INFORMAÇÕES BOMBÁSTICAS!!!". Tirei do mudo na hora e me recostei na ponta da cama pra ouvir. Antes de cada intervalo, a apresentadora deixava um ar de suspense, dando a entender que as tais informações bombásticas seriam reveladas logo após os anúncios. Até que, enfim, ela deixou a mulher contar o que fora ali para dizer. De acordo com ela, a forma como o deputado fora encontrado, que vinha sendo amplamente divulgada pelos jornais, não a surpreendia. E por que não?, quis saber a apresentadora. Quando éramos casados, muitas vezes fui obrigada a fazer coisas que não tinha vontade. Ele gostava de jogos sexuais de todo tipo. Gostava de ser algemado, de ser amarrado. Ele tinha um enorme fetiche com submissão. Nesse momento, o efeito sonoro de um estrondo interrompeu a fala da mulher. A apresentadora fez uma cara de surpresa. Perguntou em seguida, Você diz que era obrigada... ele obrigava você a entrar nesses jogos? Olha, disse a mulher, ele me ameaçava. Dizia que se não conseguisse em casa, conseguiria fora dela. Eu me submetia por amor, né? E essa história de que ele era chegado a rituais de magia negra, existia alguma coisa desse tipo no casamento de vocês? Não, no meu tempo não. Mas eu não duvido, Sônia. Ele era muito cheio de imaginação e fantasias. E pelo que eu saiba, não era muito cristão.

O diálogo caminhou por aí, até que, depois de ver uma imagem desfocada dele morto na cama, do jeito que eu o havia deixado, não tive mais paciência e desliguei a televisão.

Depois de terem armado uma arapuca pra que eu matasse meu próprio irmão, eu me sentia suficientemente vingado por ora. Ainda faltava o Sérgio, mas cada coisa a seu tempo. Pra mim, ele já estava no saco. Meu irmão deve ter visto o que aconteceu. Não sei se ele fez as associações necessárias sobre o homem que havia sido morto, a natureza do seu trabalho e o nosso encontro. Não faço questão de saber. Ele havia sido vingado também.

Nunca mais encontrei o meu irmão. É melhor desse jeito. Sou conhecido por não ter pena das minhas vítimas, mas irmão é outra história. Já me perguntei se ele teria pena de mim, se fosse ele que tivesse que vir atrás de mim pra me justiçar. Me dei conta de que, hoje em dia, não tem como eu saber. Não faz diferença, de qualquer forma. Tem coisa de família que quanto mais longe um ficar do outro melhor, e eu prefiro nunca mais ter que olhar pra ele. Sempre ouvi dizer que o passado da gente uma hora acaba voltando para nos assombrar. Azar. Se aprendi a deixar atrás de mim pilhas de corpos, aprendo a deixar os meus fantasmas também.

Festa

Ninguém jamais saberia quem foi o primeiro a ouvir, mas o certo é que o barulho do alarme do carro cortando o silêncio da manhã de domingo começou a tirar os moradores de suas camas antes mesmo do sol surgir com força, e o que era irritação transformou-se em ódio diante da constatação de que quem quer que fosse o responsável por aquele destrambelho, àquela hora, não estava nem um pouco interessado em resolvê-lo.

Ultrapassados os limites, ligaram para a portaria. O porteiro, por não poder sair de sua guarita, pediu ao zelador que fosse lá embaixo, no subsolo, verificar de quem era o veículo. Rapidamente, e antes que todos os moradores do prédio de vinte andares resolvessem interpelar sobre aquela celeuma que começava a tomar proporções disformes, o homem interfonou para o apartamento 1002. Nada. Depois de várias tentativas, e com o carro ainda alarmando, o jeito foi ligar para o seu Elpídio, o administrador do condomínio. Ele mal havia acordado quando se viu obrigado a correr para o prédio num dia de trabalho que não lhe pertencia. Elpídio foi também até o subsolo, e constatou que o barulho todo era causado por um Fiat Uno, modelo antigo. Subiu para a portaria e perguntou, Esse não é o carro da dona Mardônia? É, respondeu o porteiro. É o carro que ela divide há anos com as outras irmãs. Estamos tentando contato com ela, Elpídio, mas sem sucesso, informou o porteiro. Para que diabos elas colocaram alarme num carro daqueles?, questionou Elpídio, entre o querendo saber e o sarcasmo. Acho que pra abrir e fechar as portas apertando um botão. Da idade que estão, dificilmente acertariam o buraco na porta, comentou o porteiro, rindo. Já tinham brincado demais com a situação enquanto os condôminos ameaçavam se insurgir contra portaria, síndico e administração. O interfone da portaria não parava.

O administrador bateu à porta das irmãs, sem resposta. Insistiu mais algumas vezes, nada. O sono delas deve estar brabo, pensou. Interfonou novamente, e a falta de resposta começou a transformar o silêncio em agonia. Pelo menos agora o carro continuava a infernizar a intervalos maiores. Mas era uma intermitência constante, que continuaria a desassossegar os moradores. Elpídio decidiu olhar as gravações das câmeras daquele andar. Viu nelas que dois homens e duas mulheres haviam entrado no apartamento das irmãs meia-noite e sete, depois disso a porta foi fechada por uma delas, e assim permanecia até agora.

É preciso que se diga que aquele era um fato isolado. Dona Mardônia e suas irmãs, Zuleica e Eulália, moravam juntas desde a década de noventa. Eulália havia sido freira, até que uma trombose a nocauteou e resolveu aboletar-se em casa com a irmã Mardônia, que nunca se casara. Zuleica veio depois que o marido morreu. Somadas, as três tinham

235 anos, e aquilo não era mais idade para ficar tirando a paz dos vizinhos, coisa que realmente nunca faziam. Pelo contrário, costumavam manter a porta do apartamento aberta, e quem passasse por ela veria quase sempre uma senhora fazendo crochê, outra comendo frutas à mesa e outra diante da televisão em algum canal religioso. Um leve odor de urina também poderia ser sentido por quem passasse diante da porta aberta. Era um cheiro que se misturava aos outros, como se tivesse incrustado ao lugar.

Os vizinhos que moravam no apartamento ao lado, dois homens jovens recém-mudados, e que precisavam obrigatoriamente passar pela porta delas para chegar ao deles, o 1001, eram testemunhas da indefectível cordialidade das irmãs, que só discutiam muito raramente e por ocasiões frívolas, dessas que jamais se transformam em confusão em caso de divisão de herança.

Tomou-se a decisão pelo arrombamento da porta, já que toda resposta era o nada. Chamaram um chaveiro que trabalhava em regime de 24 horas, propício para emergências. Se as velhinhas estavam todas cansadas e não acordavam de forma alguma, era preciso tomar uma providência em nome da coletividade.

Elpídio pagou o chaveiro e pediu que ele fosse embora. Porta aberta, chaveiro pago e dispensado, estupefação. Por todo o apartamento, sinais de que uma festa recente havia acontecido ali. Pratos sujos sobre as mesas e bancadas, diversos tipos de bebidas, almofadas no chão, sofá fora de lugar, enfeites para a ocasião adornando todo o espaço. Não apenas os objetos estavam desorganizados, toda a situação parecia ter sido deslocada para aquele lugar advinda de um sonho ruim. Pegou seu rádio e falou com a portaria, Chame a polícia. Enquanto aguardava, fechou a porta atrás de si. Conseguiu enxergar, com os olhos de vidas pregressas, dos tempos em que era vigilante de obras, todo o cenário do que ocorrera ali dentro. Não queria arriscar-se a adentrar mais no apartamento sem policiais ao seu lado. Pelo que já vira através das câmeras, sabia o que iria encontrar.

De onde estava, observou que o aparelho de som estava ligado numa rádio que só tocava música brasileira dos anos 40 e 50. Restos de cigarro se espalhavam fora e dentro de cinzeiros. Almofadas e lençóis manchados deixavam clara a natureza do que aquele apartamento fora testemunha: uma movimentação que, em algum momento, tinha descambado para a violência. Elpídio, um homem de fé, rezou para que as irmãs, dentro de algum dos cômodos apartamento adentro, estivessem bem. Mas o medo de que os criminosos estivessem esperando que ele avançasse pela residência o impediu de investigar a situação.

A polícia chegou e foi rapidamente colocada a par do que estava ocorrendo. Entraram na casa de arma em punho, e voltaram com um semblante estranho no rosto.

Quando Elpídio chegou ao térreo com os policiais, havia cerca de vinte condôminos querendo entender o que estava acontecendo. A filha de uma delas tinha sido chamada e também já estava misturada aos moradores. Não pôde subir porque foi informada que havia riscos. Os policiais se aproximaram dela e explicaram o que havia acontecido. Subiram ao apartamento.

Lá, encontraram as três mulheres dormindo em um colchão que tomava quase todo o espaço do quarto, junto aos dois homens e mulheres, enovelados por cima uns dos outros. Todos nus, o cheiro de fluidos corporais deixava o ambiente, que estava fechado, pesado. Por todos os lados, preservativos, lubrificantes, consolos e restos de cremes e velas. A mulher olhou para os policiais e chamou-os com a mão para fora do apartamento, não queria correr o risco de fazer barulho e acordá-los. Então, disse, Eu sempre soube que mamãe era danadinha, mas aos 76... Das minhas tias eu nunca tinha ouvido falar. Vou dizer uma coisa: não que vocês precisem ficar sabendo, mas fiquei com inveja delas, viu?

O episódio foi contado pelo prédio em diferentes versões. As velhinhas nunca as confirmaram nem negaram. Quando algum vizinho as olha como quem quer dizer algo, elas apenas soltam um sorrisinho pelo canto da boca, como a dizer que não adianta querer saber detalhes, as versões são mais interessantes que a verdade, deixem como está, é mais divertido assim.

Até hoje, no meio dos invejosos e conservadores, há quem diga acordar aos domingos ouvindo o barulho de um alarme de carro ecoando direto do subsolo.

E as festinhas, claro, continuam.

Mudança

Quando meu pai chegou em casa do trabalho eu estava na frente da TV, jantando sozinho. A janta era arroz de leite e mais nada. Minha irmã tinha se recusado a jantar e estava no quarto dela. Eu tinha visto minha mãe dobrando umas roupas sentada na ponta da cama de casal do quarto dela e do meu pai, devagarzinho, como quem está fazendo as malas mas não quer ir embora. Já fazia um tempo que as coisas lá em casa não iam bem. No ano anterior, minha mãe tinha descoberto um câncer no útero, fez a cirurgia para removê-lo, teve uma complicação e precisou ficar mais de três meses afastada do trabalho. No dia que voltou foi demitida. Desde então ela se tornara uma mulher triste. Eu até a tinha ouvido dizer ao telefone para uma de suas irmãs que agora ela não servia mais para nada. Nem pra ser mãe, nem pra trabalhar, porque ninguém a queria. Há meses ela pegava o ônibus com uma pasta cheia de envelopes com seu currículo, passava a tarde andando em tudo quanto era de empresa, só voltava quando esvaziava a pasta, mas até agora nada. Àquela altura fazia mais de uma semana que ela não saía de casa, acho que ela já tinha desistido.

Depois eu entendi por que meu pai havia entrado tão calado. Não que ele chegasse e desse boa noite, mas em geral ele passava a mão na minha cabeça e perguntava um Como vai? só por perguntar, porque nunca parava pra ouvir quando eu começava a responder; mas naquele dia nem isso, ele passou reto. Enquanto eu espremia os restos de arroz no fundo do prato pra tirar mais o leite antes de dar outra garfada, ouvi minha mãe chorando. Eu não aguentava mais ver minha mãe chorar. Todas as vezes que eu via seu rosto transfigurado pelas lágrimas eu lembrava que um dia eu que ia chorar por ela, e aquilo me devastava. Eu amava muito a minha mãe, e vê-la definhando acabava comigo. Aí eu corria para onde ela estivesse, chorando também, envolvia seu corpo cada vez mais magro entre os meus braços e dizia Não chora, mamãe, não chora. Com o tempo eu aprendi a só abraçar, calado, porque parecia que se eu dissesse pra ela não chorar, aí é que ela chorava mesmo. A forma que meu pai encontrou para não estender ainda mais aquela cena foi refutar nossos afetos com seu usual pragmatismo: Daniel, quero aproveitar que você está aqui para lhe comunicar o que precisa ser dito. Ainda entre as pernas da minha mãe, com os braços em volta dela e com a cabeça encostada em sua barriga, olhei para a direção de sua voz, sem me mexer. Vá chamar a sua irmã, ele disse. Eu me desvencilhei do corpo de minha mãe e fui bater na porta do quarto de Sofia. Disse a ela que nossos pais estavam chamando. Ela abriu a porta com raiva, mas resignada.

Nós já havíamos tido aquela conversa, logo que meu pai passou a ser o único provedor dentro de casa. Na época nos foi dito que os tempos em que tínhamos de tudo, à hora que quiséssemos, haviam acabado. Nada de roupas quando íamos ao shopping nem almoços em restaurantes nos fins de semana. A gente se acostumou, acho. Pelo menos eu me acostumei logo. Agora, porém, ficava claro que a coisa apertaria ainda mais: meu pai também havia sido demitido. Com o olhar ora fixado nos meus olhos, ora fixado nos de minha irmã, ficamos sabendo que só comeríamos carne vermelha uma vez por semana, que precisávamos ficar completamente atentos ao desperdício de água mais do que nunca e que nossos banhos não poderiam demorar mais do que cinco minutos, que só poderíamos ficar com uma TV ligada na casa por vez e que portanto adeus um assistir a desenhos enquanto o outro via novela, que não poderíamos mais ir a festas de aniversário dos nossos colegas ou primos porque não teríamos como comprar presentes para levar, e que em festinhas de crianças da nossa idade era uma frustração para o aniversariante não receber presente de todos os coleguinhas que haviam sido convidados, e ele não queria que fôssemos humilhados. O golpe principal foi deixado por último: E a partir do ano que vem vocês vão ser matriculados na escola pública mais próxima, não temos mais condições de manter você e sua irmã num colégio particular.

E foi por causa disso que eu conheci o Levi. Minha mãe disse que, como eu já ia fazer dez anos e a escola ficava a apenas três ruas da minha casa e todas elas eram bem movimentadas tanto na ida quanto na volta, eu podia ir a pé porque era bom que a gente já economizava na gasolina. A ordem era nunca soltar a mão de Sofia, o que só funcionava até a gente dobrar a esquina, porque ela dizia que minha mão era suada e escorregadia e era como se ela tivesse pegando numa rã. Você já pegou em rã, Sofia?, quis saber. Ela me olhou com cara de desprezo. Não, mas já vi. Você nunca viu a pele de uma rã, como é lisa? Sofia tinha sempre uma resposta pronta e muitas vezes afiada, o que era surpreendente para quem fazia pouco mais de um ano que havia aprendido a ler. Ouvi um garoto rindo daquele diálogo, olhei para trás e vi que ele estava fardado. Íamos todos para o mesmo lugar. Diminuí um pouco o ritmo para que nos apresentássemos.

Ao chegar na escola, descobrimos que ficaríamos na mesma sala e sentamos juntos. Em poucas semanas já estávamos de uma amizade quase ancestral. Não nos desgrudávamos no recreio, geralmente fazendo parte dos mesmos times nas brincadeiras, indo à cantina comprar o lanche juntos e, na volta, conversando sobre tudo no caminho para nossas casas. Desenvolvemos uma espécie de irmandade em que Sofia não cabia. Tentei várias estratégias para me desvencilhar dela. A primeira foi delatar minha irmã, dizer que ela se recusava a segurar minha mão. Meus pais fizeram-na prometer que ela não me soltaria até chegar ao colégio, mas quando eu disse que ela continuava soltando, o que não era verdade, ela começava a chorar dizendo que era mentira minha, e meus pais diziam que, verdade ou mentira, eu era o irmão mais velho e portanto era eu quem tinha de garantir que ela me obedecesse. Levei uma surra e dali pra frente nem se ela quisesse nos soltaríamos. A estratégia seguinte foi fingir que estava doente. Se eu estivesse doente, minha irmã faltaria ao colégio, porque meus pais sempre estavam fora tentando arranjar emprego e precisavam sair de casa cedo. Todo mês eu inventava alguma coisa. Minha mãe sempre acreditava, mas lá pelo terceiro mês meu pai começou a desconfiar. Mesmo assim, minha mãe entrelaçava seus dedos esquálidos aos dedos rechonchudos de Sofia e ia deixá-la na escola, caminhando devagarzinho, como podia, enquanto eu ficava na cama e dormia até tarde. Acabei ficando com remorso por submeter minha mãe àquela rotina, ainda mais porque ela sempre voltava reclamando do vento frio, mesmo que o sol estivesse brilhando do lado de fora. Naqueles tempos eu ainda não sabia que essa sensação de frio era a vida abandonando o corpo dela aos poucos.

Até que um dia a própria Sofia disse em casa que não queria mais ir para a escola comigo. Perguntada sobre o motivo, disse que não gostava da minha companhia nem de Levi, que se juntava a nós na metade do caminho. E para mostrar que era soberana de suas vontades, começou a correr de mim e se embrenhar nos matos, que eram muitos pelo bairro naquele tempo. Até achá-la eu acabava chegando ao colégio atrasado, e muitas vezes não nos deixaram mais entrar. O jeito foi meu pai passar a levá-la para o colégio antes de sair para sua diária procura de emprego.

Como passara a ter mais liberdade, eu e os outros meninos começamos a perambular pelas ruas antes de pegarmos o caminho de nossas casas, dando a desculpa de que ficáramos na biblioteca da escola estudando em grupo para as provas. Preocupados com o meu futuro, e como eu tirasse boas notas, meus pais nunca duvidaram da minha palavra. Foi dessa forma que fui conhecendo meu próprio bairro, suas ruas de calçamento, os lugares onde eu podia comprar fichas para passar trote dos orelhões e onde também havia Mentex, chocolate Surpresa e bala Soft. Descobrimos também um mercadinho onde, se a gente levasse o que era preciso, podíamos adquirir copos de plástico com a caricatura d'Os Trapalhões, um verdadeiro sucesso.

Mas o que nos deixava empolgados mesmo era passar na frente de uma casa imensa que tomava quase todo o quarteirão. Enquanto as demais casas tinham uma frente larga o suficiente para passar apenas um carro, com portões que não permitiam a visualização do que havia do lado de dentro, o casarão tinha uma arquitetura completamente diferenciada. Era, sem dúvida, a casa mais bonita da rua. A frente tinha portões vazados, o que fazia parecer que os donos tinham prazer em mostrar a imponência da residência. Entre o portão e a casa propriamente dita, havia um jardim muito bem cuidado e de beleza imensa, com flores de diversas cores e plantas que pareciam nos cumprimentar à nossa passagem. Pelo portão interno da casa, que protegia uma garagem sempre desocupada naquele horário, víamos uma piscina que tomava boa parte dos fundos do terreno, mas nunca parecia haver ninguém lá.

Toda aquela beleza se contrapunha aos urros que vinham exatamente da garagem. Como a casa ficava na mesma rua da escola, todos os dias, quando acompanhava meu amigo até onde ele morava, umas três casas depois da do menino, era inevitável testemunhar seus espetáculos guturais, já que passávamos bem em frente. Nós o observávamos encostar a cabeça por entre as barras do portão interno da casa e berrar coisas que só ele entendia. Ele devia ter uns 19 ou 20 anos naquele tempo, mas para mim, vários anos mais novo, era como se fosse ainda mais velho, embora se comportasse como uma criança de cinco. O garoto era alto se comparado a outros da mesma idade, muito branco, tinha uns cabelos pretos desgrenhados que pareciam estar sempre úmidos por oleosidade ou suor, e tinha um estrabismo que, juntando aos urros ininteligíveis, davam a ele um aspecto monstruoso do qual não ousávamos tirar sarro, como se ele pudesse destruir tudo aquilo e vir atrás da gente. Lembro muito bem que ficávamos colados ao portão da rua, um do lado do outro, extasiados vendo aquele menino se segurando com tanta firmeza ao portão, gritando tanto, por tanto tempo, que a saliva lhe escorria pelo queixo e pelo peito, sua voz tonitruante nos causando um misto de medo e fascínio.

No fundo eu tinha pena dele, que parecia gritar como se pedisse para tirá-lo daquela imensa solidão, porque nunca aparecia alguém para levá-lo para dentro de casa, para trazer laranjas, tangerinas ou biscoitos para que ele comesse, nem água, nada. E nós víamos pelos vultos nas janelas que a casa estava sempre povoada de adultos. Assim, concluímos que ele não tinha irmãos e que os moradores que habitavam a casa naquele horário o tratavam como se ele não existisse. Ele ficava ali, com sua voz ecoando pelo espaço daquela garagem onde cabiam tantos carros, onde caberiam tantas pessoas, e no entanto estava sempre só, completamente esquecido. Em geral a gente só saía de lá quando algum adulto passava e nos mandava parar de implicar com o menino, o que não fazíamos nunca, ou quando ele se agachava, ainda se segurando nas grades do portão, e os gritos se transformavam num choro em voz baixa, quando ele demonstrava aquilo de que eu já tinha certeza: era um garoto de uma fragilidade tão grande quanto o seu tamanho. Era a primeira vez na vida que eu me deparava com alguém que estava no mundo preso ao próprio corpo, provavelmente sem sequer saber-se vivo, emprisionado dentro de uma realidade da qual não tinha como escapar.

Então vieram as férias de julho que mudaram tudo. Já fazia algum tempo que eu havia apresentado meu amigo Levi para os meus pais. Por um desses motivos que nunca conseguiremos explicar, ele caiu nas graças tanto de um quanto do outro, e eu tinha a permissão de ir para a rua onde ele morava, brincar por uma ou duas horas depois do jantar e aos finais de semana. Talvez o motivo da liberdade dada pelos meus pais fosse uma forma de me manter longe dos videogames e das arengas com a minha irmã, o certo é que eu não deixava de sair de casa um único dia. No caminho, eu via o rapaz que berrava tanto pela manhã a ponto de ser ouvido por todo o quarteirão, agora reduzido a um animal pequeno e indefeso, encostado ao portão como se esperasse alguém.

Até que um dia eu vi que ele esperava mesmo.

Àquela altura, Levi já tinha me apresentado a outros meninos e meninas das casas ao lado, com quem passamos a brincar de pique-esconde, gato mia, carimba, chicote queimado e o que mais inventássemos na hora. A algazarra era grande, embora sempre que ocupávamos o calçamento com nossas brincadeiras acabávamos por precisar ocasionalmente pará-las para que um carro passasse, o que não nos chateava, tão tomados estávamos pela alegria de brincarmos juntos. E afinal de contas — acho que era o pensamento comum — aquele era um tempo em que carros eram um lento de vez em quando. Foi nessa lacuna de tempo que um se materializou devagar, rompendo com os faróis o escuro da noite parcamente iluminado pelos postes de luz. O carro parou de frente ao portão do casarão e dele desceu um homem alto, com os cabelos levemente grisalhos, vestido com um terno que parecia ter acabado de ser engomado. O homem olhou para todas aquelas crianças e nos viu parados, resfolegando, um de nós com a bola na mão, todos esperando com paciência que ele entrasse para que nos desencantássemos e a brincadeira continuasse. Antes de entrar no carro deu um sorriso amarelo, como se pedisse desculpas ou como se lamentasse por algo, e estacionou dentro da garagem onde seu filho o esperava.

Eu, contudo, não voltei para a brincadeira de imediato. Fiquei na calçada do casarão olhando o que se sucedia do lado de lá do portão. Vi quando o pai desceu do carro e se curvou para abraçar o filho, que praticamente pulou no seu pescoço. Do lado do passageiro, saiu uma senhora estilosa mas de olhar imperativo, com o cabelo arrumado, usando joias no pescoço e nos braços, que passou pela parte detrás do carro, deu um beijo na cabeça do menino protegendo seu penteado com a mão e entrou em casa por uma porta contígua à garagem. Pensei na minha mãe, tão frágil e amorosa, no meu pai, na minha irmã, e com os olhos cheios d'água baixei a cabeça e fui para casa. Àquela noite eu não conseguiria mais brincar.

Passei o resto da semana brincando sem tirar da cabeça que a infelicidade estava logo ali, do outro lado do portão. Eu brincava sem alegria, às vezes perdendo depressa só pra ficar sentado na calçada, observando a exultação incontida dos meus amigos e ao mesmo tempo com o olhar no casarão.

O pai do menino passou a interromper nossas brincadeiras todos os dias ao chegar com o carro, até que um dia, depois de estacionar, ele saiu no portão e fez um gesto com a mão, me chamando. Eu apontei um dedo indicador para mim mesmo e perguntei de longe, O senhor quer falar comigo? Sim, com você mesmo, ele me disse, dando alguns passos em minha direção. Meus amigos pareciam temê-lo, e brincavam como se não nos vissem. O homem foi direto, Meu filho Charles tem me pedido para brincar com vocês. Ele é grande, eu sei, e vocês não o conhecem. Mas ele é uma criança ingênua e sentimental. Incapaz de qualquer maldade. Eu senti que se tentasse falar qualquer coisa, minha voz tremeria, então esperei para ver se havia mais alguma coisa que ele quisesse dizer. Eu estou disposto a dar uma ajuda na mesada de cada um de vocês se for permitido que meu filho participe das brincadeiras.

Eu não sabia o que dizer. Com ou sem dinheiro, eu teria que conversar com meus amigos, e foi isso que eu disse a ele. Nos despedimos com um aperto de mão, como se estivéssemos prestes a fechar um negócio. Fui conversar com todos. Nos reunimos num círculo e eu contei a eles da proposta. Aparentemente, o único que se recusava a receber dinheiro para inserir Charles nas brincadeiras era eu, que quando vi que era voto vencido, terminei por entrar na cota do sr. Johnson, como acabei descobrindo que era o nome do vizinho de Levi. Naquela mesma noite voltei a apertar mãos com o sr. Johnson, que além do dinheiro nos dava chocolates. Ficou tudo certo para que Charles entrasse nas brincadeiras no dia seguinte.

Naquele tempo eu ainda não havia estudado sobre nenhuma grande guerra, mas lembrando do que aconteceu então, só consigo lembrar do rosto do Charles saindo de casa para se unir a nós como o de judeus sendo libertados de campos de concentração ao final da Segunda Guerra. Era uma mistura de alegria com debilidade. Ele vinha correndo com os braços balançando longe do corpo, sem saber muito bem o que fazer com eles, os olhos muito abertos, revelando ainda mais o seu olhar enviesado. Não urrava mais, mas também não articulava as ideias muito bem. No entanto, entendia as instruções das brincadeiras e participava de todas elas como se tivesse estado ali todo o tempo. Ao longo dos dias, desenvolvemos nossas próprias maneiras de interagir com o Charles, de nos fazer entender para além do trivial. Foi assim que eu soube que os pais dele eram donos de um bingo no centro da cidade, que ele tinha uma professora que vinha ensiná-lo em casa e, como eu suspeitava, ele não tinha irmãos.

Nos instantes em que eu ia receber o dinheiro do sr. Charles, trocávamos algumas palavras, muitas das vezes provocadas por curiosidade dele em saber como o filho estava se portando. Muito bem, eu disse. O pai suspirou, Se vocês conseguem entendê-lo, ótimo. Concluímos aqui em casa que só Deus sabe o que se passa na cabeça daquela criatura... Eu senti o impacto daquelas palavras como se recebesse um murro no queixo. "Aquela criatura" era o filho dele. Charles foi nosso único filho, Daniel, e já o tivemos bastante tarde. Não conseguíamos ter filhos antes, não conseguimos ter mais nenhum depois. Veio ele, e só. Parecia que Deus estava querendo nos dizer algo. Pelo menos é assim que prefiro encarar a situação. Depois que ele nasceu e que entendemos que ele seria para sempre uma criança, não importa a idade que tenha... Eu ainda pensei em voltar para a Inglaterra, porque estamos envelhecendo e o bem-estar do Charles me preocupa. Que será dele quando morrermos? Lá ele seria melhor cuidado, mas depois eu e Zelda decidimos ficar por aqui mesmo. Temos no Brasil um negócio muito bem estabelecido. Voltar, sem garantias, seria um risco. Eu sentia que ele estava apenas desabafando comigo, uma criança incapaz de entender todas as nuances daquelas palavras. Muitos anos se passariam até que eu pudesse pensar nelas com clareza. Em casa, meu pai voltara a assobiar aos finais de semana enquanto tomava seu uísque com água de coco. Conseguira um novo emprego, numa posição que o deixou bastante envaidecido: ele seria um dos diretores de uma gravadora importante. Foi nessa época que o câncer de minha mãe, que estivera mais ou menos dormindo todo esse tempo, voltou com uma enorme força devoradora. Estávamos no meio dos trâmites para nos mudarmos dali e irmos para o Rio, morar numa casa perto da gravadora que, segundo meu pai, era espaçosa e tinha piscina, quando tudo teve de ser postergado. Minha mãe teria de ser hospitalizada e não tinha a menor condição de viajar, e eu me vi como naquelas filmagens de família, pulando dentro da piscina de sunga e vendo depois alguém voltar a imagem em alta velocidade para o instante de poucos segundos antes do pulo, não só me retirando da piscina num processo ultrarrápido em que eu sairia da água e a água que eu havia espalhado voltava para onde estivera, mas retirando de mim o sonho por dias felizes. Meu pai entendera o recado: a situação era grave e seria uma questão de dias. Foi justamente o que eu o ouvi dizer ao telefone para alguém na empresa que o contratara, e ele terminou com um Não se preocupem, logo mais tudo estará resolvido e eu estarei aí para me apresentar a vocês e assumir minha posição na empresa. Aos dez anos e através de uma ligação telefônica do meu pai para um homem que eu jamais conheci, compreendi que minha mãe já era dada como morta.

Corri para contar aos meus amigos de rua que eu iria me mudar. Não falei nada sobre a minha mãe, disse apenas que meu pai iria trabalhar no Rio de Janeiro. Comuniquei ao sr. Johnson naquele mesmo dia que ninguém mais queria receber dinheiro das mãos dele para que Charles brincasse conosco, que eu iria me mudar e ninguém mais além de mim tinha coragem de falar com ele. Com a minha partida, os meninos e meninas da rua optaram por voltar a brincar apenas entre si mesmos, mas dissemos ao sr. Johnson que Charles poderia ficar brincando na rua com todos até o final das férias, o que significava que ele ficaria entre a gente por mais quatro dias.

No dia seguinte, Charles saiu de casa do mesmo jeito efusivo de sempre. No meio de uma brincadeira, porém, levou uma queda. Quando Levi se aproximou dele para tentar ajudá-lo, Charles levantou-se enfurecido. Segurou-o pelos cabelos e com um tapa fez seus óculos voarem longe. Em seguida, aquela criança de cinco anos num corpo de um homem de vinte mostrou uma ira que ninguém poderia imaginar que ele carregava dentro de si. Arrastou Levi até o calçamento, e com a força que somente a raiva é capaz de fazer eclodir, bateu sua cabeça várias vezes contra as pedras do chão da rua, manchando tudo de sangue, areia e pedaços do seu crânio. Olhei para o meu amigo, seu olhar vidrado no nada e muito sujo, a arcada dentária superior afundada, faltando vários dentes, que com certeza ficaram perdidos entre as pedras irregulares do calçamento. Meu amigo Levi morreu sem reagir porque talvez estivesse desmaiado. Dois dos que brincavam conosco na rua correram para dentro de suas casas. Os outros três, eu metido nessa matemática, ficamos apenas observando o estrago que Charles fizera ao corpo do nosso amigo.

Não fui ao enterro de Levi porque quando cheguei em casa com as mãos sujas e os olhos vermelhos para dizer ao meu pai o que tinha acontecido, soube que minha mãe estava morta.

Eu teria um enterro mais importante ao qual comparecer.

Na manhã seguinte fui com minha irmã para o hospital onde minha mãe estava sendo mantida viva apenas para a retirada dos órgãos para doação, com o intuito de me despedir dela. Meu pai nos deixou a sós, mas recomendou que eu não demorasse, dizendo, Não temos mais do que três minutos. Os três últimos minutos com a minha mãe, o que era menos até do que ele permitira para que tomássemos banho quando estava sem emprego, era todo esse o tempo que eu tinha para me despedir de minha última protetora das desgraças desse mundo. Passado aquele tempo tão minúsculo eu sabia que estaria completamente só, compartilhando do mesmo desamparo e solidão que Charles. Foi então que entendi que éramos dois iguais.

Parti sem me despedir dos meus amigos de rua. Soube que o sr. Johnson havia assumido a responsabilidade pelo crime. Segundo ele, na noite em que decidimos que Charles não iria mais participar de nossas brincadeiras, ele contou nossa decisão ao filho. Sua atitude deve ter desestabilizado o rapaz, a ponto de levá-lo a transformar-se daquela maneira. A culpa, portanto, de acordo com ele próprio, era toda dele.

Eu, meu pai e minha irmã nos mudamos para o Rio poucos dias depois, e enquanto LPs e fitas K-7 fizeram sucesso naqueles longínquos anos 80 e 90, meu pai fez muito dinheiro. Era um homem de decisões acertadas, e mesmo quando arriscava, não o fazia para errar. Nunca mais voltou a se casar; preferia, como ele dizia, ser de todas e não ser de nenhuma. A ilusão é a alma do negócio, meu filho. De qualquer negócio, especialmente se atender pelo nome de *relacionamento*.

Quase dez anos depois, li nos jornais que o filho do empresário Somerset Johnson havia morrido num acidente de carro durante sua estadia em férias na Inglaterra, país natal de seus pais, sob circunstâncias ainda não esclarecidas. A matéria continuava, mencionando que o sr. Johnson estava agora solto, depois de passar sete anos preso por homicídio e que os negócios da família vinham sendo gerenciados desde então por sua esposa.

Não sei se era maldade o que eu estava pensando sobre as tais "circunstâncias não esclarecidas" do acidente que matou Charles. Mas quando eu olho para o meu pai, que envelheceu de forma tão amarga, na minha mãe, que nunca soube o que é a velhice, e nos pais de Charles, que só o desejaram até saber como ele tinha vindo ao mundo, e sobretudo quando penso naquelas férias que mudaram minha vida para sempre, me pergunto se ele gostaria de estar vivo, e lembro do Charles correndo para brincar com a gente, sem nunca imaginar que nossos bolsos se enchiam para aceitá-lo conosco. Ele era mesmo um ingênuo e sentimental, como me disse seu pai. E nós, uns escrotos que desde a infância nos deixamos enredar para a lógica destruidora e sedutora do dinheiro fácil. Não sei se o pai havia mandado matar o filho na Inglaterra. O que eu tinha por certo, e que me importava de verdade, era saber que havia menos um infeliz no mundo. O fim de Charles tirava de mim um fardo que eu carregava desde a infância, que eu carregava por ter aceitado aquele maldito dinheiro e depois tê-lo abandonado, pela morte do meu amigo Levi, pela minha ausência de casa nas noites repletas de dor em que minha mãe gritava chamando meu nome e querendo o meu abraço. Com a morte dele, todos esses fardos iam embora, fechando o ciclo de uma infância caótica. Mas ainda havia os meus, que eu sempre levei comigo para onde quer que fosse, os que eu carregara a vida inteira sozinho. Há coisas que não se divide com ninguém.

Procedimento banal

Meu marido guardou pras férias todos os médicos que tinha pra ir: cardiologista, ortopedista, pneumologista, proctologista... Sabe como são essas coisas de homem achar que nunca tem nada, que dá pra aguentar mais uns dias. Foi acumulando, acumulando, e taí. Se bem que era difícil mesmo pra ele pedir uma folga no trabalho pra ir a médico. Era capaz de quando voltar não ter mais o emprego. Aí é isso, fez tudo que era exame mais arriscado e foi morrer justamente num dermatologista. Fazia um tempo que ele tinha uns caroços nas costas e eu dizendo, Homem, vai te cuidar. Homem, tira isso enquanto não cresce, que depois fica mais complicado... Parece que eu tava era adivinhando. O que era pequeno no começo virou um negócio do tamanho de uma bola de sinuca. Aparentemente não era nada maligno, mas tinha que ser tirado com anestesia. Aí o homem teve uma reação e morreu lá mesmo, na frente do médico, dentro do consultório. O hospital não tava preparado pra socorrer, a senhora veja a situação de quem precisa de médico, mesmo pagando por fora. Vi o homem abrindo a porta e gritando pras enfermeiras, mas eu sinceramente acho que nem tinha dado tempo. Os jornais andaram dizendo que ele morreu durante um "procedimento banal". Ora, banal é a vida, minha senhora, onde num segundo a gente está, no outro não está mais. Não vê aí o Ayrton Senna? Aquele ator da novela que o rio levou e que eu não tô conseguindo lembrar o nome dele agora? Sim, esse mesmo. Clara Nunes também morreu num procedimento que os jornais à época chamaram de "corriqueiro", "banal". Não teve santo protetor que desse jeito. E tá aí, mortinha há não sei quantos anos. A diferença é que ela deixou um monte de disco gravado e ficou eterna. E meu marido? Nada, a não ser três meninos que agora vão ter que se virar pra ter o que comer. Vou até ver depois se ninguém arranja um trabalhinho pra eles. Agora, se tem uma vantagem nisso é que ele não morreu num acidente, numa coisa horrível, uma tragédia, pra eu ter que vir aqui reconhecer pedaço de corpo ou corpo queimado. Deus me livre de um momento desses! Pelo menos tá inteiro. Mas é por isso que eu tô aqui, minha senhora, pedindo. Porque eu não tenho como enterrar ele. Não tenho. E preciso tirar ele daqui do hospital, só me deram até o dia de hoje. Então, só pedindo mesmo pros outros. Qualquer coisa que a senhora me der serve. Se não puder dar, também não tem problema, não.

Todos os dias, Zuleica ia para a frente do hospital abordar os passantes. Repetia esse discurso, com uma ou outra variação, até se cansar, lá pelo final da tarde. Fazia isso por amor a Adalberto, que precisava tirar aquele cisto das costas e nunca teria coragem de pedir nada a ninguém.

Ao final de duas semanas arrecadando dinheiro na porta do hospital, ela já tinha o valor necessário para o procedimento, com sobras. Os planos eram gastar o excedente fazendo uma baita de uma feira no mercado. Não deu tempo. Antes disso, precisou mesmo comprar um caixão.

Ser chacrete não é
pra qualquer uma

Vevé nascera Vera Vitalina, mas nunca gostou do seu segundo nome, era como se seus pais tivessem entregado a ela um destino, de modo que resolveu mudar a forma como era chamada ainda lá pelos vinte anos, quando então passou a ser chamada de Vevé, porque Vitalina não dava, né?, dizia. Gostava quando as pessoas pensavam que seu nome era Verônica ou Eveline, que pensassem o que quisessem. Certo que ter pais nascidos nos anos 1920, e ela mesma ter nascido nos anos 50, muito dizia sobre o nome que recebera — ainda mais duplo, Nossa Senhora, um verdadeiro crime colocar dois nomes numa criança. Mas que fazer a não ser perdoar o mau gosto dos pais disfarçado de boa intenção?

Foi no nome que Vevé começou a alimentar um sonho durante muitos anos: ser uma das chacretes. Era só o programa do Chacrinha começar para ela não sair da frente da televisão nem sob ameaça de bomba na vizinhança. Quase sem piscar, Vevé se via ocupando um daqueles lugares lá no alto, onde, ao longo dos anos, vira Marli Bang-Bang, Índia Potira, Rita Cadillac e Elza Cobrinha, entre outras mais e menos famosas. Só nesse momento passava a gostar do seu próprio nome. Sim, porque com um nome como Vera Vitalina nem ia precisar de apelido, pensava. E se imaginava rebolando para o público de casa, fazendo poses sensuais enquanto o apresentador gritava seu nome com os costumeiros modos exagerados e fazendo piadinhas com trocadilhos. Conseguia ouvir o velho guerreiro dizer, Veraaaaa Vitalina, a mulher que dá uma cambalhota e ainda cai em cima! Passou anos com essas fantasias.

Claro que tudo nunca foi mais que um sonho. Nos anos 70, morando com os pais e sem dinheiro, tinha idade mas não tinha meios. Nos anos 80, quando tinha meios, já não tinha mais idade para se requebrar diante dos holofotes sem querer cair duríssima de vergonha.

Isso até uma boate de shows abrir na sua vizinhança e anunciar que as noites de segunda seriam de dançarinas que já tivessem medo de dar tchau com o braço muito esticado. No começo, Vevé não entendeu aquilo muito bem. Nunca ouvira falar nisso. Quem iria querer ver um show de velhas? Engano seu, garantiu o homem que a entrevistou. Somos mais de duzentos milhões de habitantes nesse país, minha senhora. O que não falta é espaço pra fetiche, tara, perversão, todo tipo de desejo. Aposto que funciona. E pago bem, pra que você não tenha que complementar a renda com nenhum cliente. Vevé já ia se manifestar, quando o homem ergueu a mão e terminou a frase, Mas a senhora faça da vida o que quiser. Só não pode é trazer problema aqui pra dentro. Eu não sou prostituta, disse ela mesmo assim. O homem sorriu. A senhora quer o emprego? Vevé se viu cheia de luz, maquiagem, agarrada a um mastro e ao desejo de encantar, sendo aplaudida por homens novos e velhos, com seus tesões atentos ou capengas, pouco importava. Chacrinha já estava enterrado há décadas, mas sentia que a hora era agora. Saiu de lá com a carteira assinada e sentindo que seus dias de vida haviam aumentado significativamente a partir dali. Naquela noite tomou ainda outra decisão: precisava parar de fumar. Chupar, agora, só o canudo da caipirinha que tomava quando saía com as amigas. Ia precisar de fôlego para dançar.

Enquanto caminhava para casa, lembrou-se do marido, que morrera há seis anos. Vevé morava sozinha desde então, e hoje, aos 57, não pensava mais em casar. Nem espaço para algo rápido, um sexozinho por divertimento, havia. No entanto, assim que chegou em casa, tomou um banho como se estivesse se aprontando para o encontro no qual tinha a certeza de que perderia a virgindade. Àquela noite, dormiu com uma leveza que nem de longe lembrava a apneia que a fazia roncar de estremecer as telhas e da qual seu marido Edmundo tanto reclamava. Olha, mulher, dizia ele, um dia ainda acordo com o coração pela boca por conta dessas trovoadas, daí eu morro e o que vai ser de ti? Acabou morrendo num incêndio no prédio onde trabalhava. Quis salvar uma senhora em cadeira de rodas. Salvou-a mas não conseguiu, ele mesmo, sair em meio a tanta fumaça. Pobre Edmundo, bondoso até o final.

No dia seguinte, acordou cantando, com a certeza de que vivia os três últimos dias de mulher comum que sai de casa pra fazer reposição hormonal, louca para aplacar os calores advindos da menopausa. Sentia que estava prestes a se tornar a sensação da boate Scandal.

E foi. Nos primeiros meses, tudo ocorreu exatamente como vislumbrou. Enquanto dançava e mostrava as ancas mal pendurada a um mastro preso ao teto via, do palco, um mundaréu de homens gritando por ela, pedindo para que ela descesse até o meio das mesas — o que, no começo, ela fazia com cautela, e nas semanas seguintes, com uma desenvoltura de quem já podia até ensinar. As outras meninas — era assim que se chamavam — diziam que ela foi dormir estagiária e acordou dona da empresa, tal era a sua capacidade de cativar com seu carisma.

Todo esse sucesso começou a atrair olhares atravessados. Algumas dançarinas já não eram mais tão simpáticas, e ela chegou a ouvir uma dizendo para outra, quando entrou no camarim, Encerra o assunto que o assunto chegou, entre risadas. Tudo bem, faz parte do pacote que vem com a popularidade, pensava consigo mesma.

Com quase doze meses de Scandal, Vevé era o sucesso absoluto. Turistas com viagem marcada para irem embora da cidade no domingo esticavam a diária para poderem vê-la na segunda. E, mesmo diante das muitas propostas, Vevé continuava fazendo jus ao seu segundo nome. Não que tivesse algum tipo de devoção ao finado marido. Com ela, o que se passava era que sua volúpia estava em mostrar-se, em ser aplaudida e venerada, nada daquilo transbordava para o desejo sexual. Talvez um dia acontecesse, ela pensava, mas por enquanto ela era Verena Tormenta, a vedete que Chacrinha jamais tivera, mas que se tivesse tido, nunca pensaria em perder, era o que ela pensava a respeito de si.

Verena entrou no táxi que a levava para casa todo final de espetáculo, acenando para os muitos fãs que se despediam dela na porta da boate, onde as outras meninas ficavam, negociando seus preços. Ia para casa sempre sorrindo, mesmo quando já não o fazia mais para os homens da boate. Ao colocar a chave na porta de casa, ela era Vevé novamente, e era assim que passava o resto da semana, até precisar colocar sua indumentária e ir à labuta mais uma vez — o que, para ela, nunca fora esforço algum. Mais difícil foi ter que parar de fumar.

Quando assumiu o posto na boate e percebeu a importância de retirar o cigarro da sua vida, só teve uma recaída: quando foram instalar na sua casa a banheira que ela sempre sonhou em ter. Desde que deixara de ter um carro em casa, tinha na cabeça a ideia de transformar a imensa garagem da casa no banheiro dos seus sonhos. E estava decidida a fazê-lo, nem que para isso tivesse de gastar por conta — e foi o que fez. Mas os vários percalços pelo caminho — primeiro, trouxeram o modelo de banheira errado, depois, no tamanho errado, mais adiante, cavaram no local errado — fizeram com que ela soltasse um Puta que pariu, será que eu nunca vou poder relaxar nesse lugar?! Quando usou as mesmas três palavras com a atendente da prestadora de serviços por telefone, algo finalmente se desamarrou por lá e as coisas caminharam. Mas nesse tempo, ela já tinha voltado a fumar pelo menos duas carteiras de cigarro por dia. Como só trabalhava às segundas, podia acompanhar a obra, o que fazia com olhar atento. Se eu tiver um enfisema por causa das sebosidades de vocês, rapazes, vou acender cem carteiras de cigarros enquanto vocês trabalham. Eu morro, mas vocês vão comigo!, dizia, rindo. Quando começou a rir e tossir ao mesmo tempo, compreendeu que era mesmo a hora de parar — dessa vez para sempre. Ou isso ou ia ficar impossibilitada de trabalhar, e aí quem iria pagar por esse banheiro hollywoodiano que nem Carmen Miranda tinha tido igual? Nem pensar. Mais ou menos nessa época Vevé ganhou as páginas dos jornais. Uma matéria de página inteira sobre o trabalho das "dançarinas da terceira idade" saiu na edição de domingo. Foi um choque para os leitores mais conservadores, mas uma janela aberta para todos os que desejavam novas descobertas. O público da boate dobrou, a popularidade de Vevé e das outras dançarinas da noite, também. Voltar para casa exausta nunca tinha sido tão compensador.

Foi numa madrugada de terça-feira que ela ouviu o barulho que a fez levantar-se e ir averiguar o que estava acontecendo. Deparou-se com um homem vestido com uma capa longa, cheia de bolsos. Apurou um pouco a vista para se certificar. Sim, tinha um homem mesmo ali. Oi, o que o senhor quer dentro da minha casa? O homem pareceu se assustar. Nossa, me desculpe, devo ter calculado mal, achei que não haveria ninguém em casa. Vevé fez uma cara inquisitiva, e o homem complementou, É que venho observando nos últimos meses e percebi que às segundas a senhora está sempre na boate. Como é seu nome?, perguntou Vevé. Erinaldo. Seu Erinaldo, deixe eu lhe dizer uma coisa: hoje é terça. Puxa vida, me confundi, então. E agora? Agora eu não sei. O senhor tem algum comparsa lhe esperando lá fora, pra lhe ajudar a levar as coisas? Eu, madame, tenho muito orgulho em dizer que trabalho sozinho. É uma maneira de complementar a renda, se é que a senhora me entende. Entendo, sim, os tempos estão difíceis... Bom, mas sem comparsa, o que o senhor pretende levar, seu Erinaldo? Tudo o que couber no bolso: joias, relógios... E geralmente gosto de comer algo, também. Nunca janto antes de executar minhas práticas noturnas. Mas isso é mais uma superstição. E também porque comendo na casa do meu "cliente", economizo uma refeição. Sim, sim, os tempos estão duros, voltou a comentar Vevé. Ainda bem que a senhora me entende. Podemos ir para a cozinha? Erinaldo sentou-se bem diante da dançarina. O senhor quer beber alguma coisa também ou só comer? Ah, se tiver uma bebidinha também é bom, não é? Olhe, tenho aqui uma cachacinha mineira que é coisa de primeira. Está servido? Na hora!, comemorou o homem. Vevé serviu uma dose para ele, que bebia enquanto comia pão com presunto, queijo e algumas frutas. Depois da sexta dose, ele disse, com a voz pastosa, Tem uma coisa me dizendo que a senhora quer me embebedar. Vevé sorriu, Meu senhor, eu quero é que você se sinta bem, e quando estiver satisfeito, pegue as coisas que quiser e vá embora. A faxineira chega pela manhã e eu tenho medo que ela queira chamar a polícia se o vir por aqui. Ah..., foi o que ele conseguiu dizer. Dona Vevé se levantou e disse, olhando para o homem, Termine de beber essa última dose e venha cá, quero mostrar um lugar que pode ter algumas coisas que lhe interessem. Pegou o homem pelo pulso. Ele se deixou levar. Quando Vevé abriu a porta, o efeito da cachaça pareceu ter passado por um instante: amplo, com luzes amarelas indiretas refletindo na água da banheira, um enorme espelho em uma das paredes, que eram revestidas com pedras, e um aparador cheio de quinquilharias: lá estava ele, o banheiro que Carmen Miranda não teve. Vevé ficou de frente para o homem e colocou suas mãos nos bolsos laterais do invasor, abraçando-o. Já está satisfeito, senhor Erinaldo? Eu nunca estou, ele disse. Vevé retirou a capa do homem, e em seguida, entrou na água do jeito que estava, de pijama. Erinaldo a seguiu, também de roupa. Pegou-a por trás, colocando as mãos em concha sobre seus peitos. Peraê, meu senhor, vamos com calma!, gritou Vevé. Você é um tesão, Verena Tormenta. Que ele soubesse o seu nome de palco não era surpresa — ele mesmo dissera que já a acompanhava há algum tempo —, o que a surpreendia era ele ainda ter força pra falar depois de beber tanto. Mas quando o viu balançando a cabeça para organizar as ideias, se deu conta de que ele não estava tão bem assim. Ela segurou seu queixo e enfiou sua língua na boca de Erinaldo; o beijo, porém, saiu de um jeito troncho, como se um tamanduá tentasse beijar uma cobra. Enquanto o barulho incessante da água entrando na banheira reverberava por todo o ambiente fechado, Erinaldo inebriou-se. Vevé segurou-o pela cabeça e, num gesto rápido, com as duas mãos, segurou-o debaixo da água. O homem se debateu, conseguiu colocar a cabeça fora da água, Sua filha da puta, ainda conseguiu dizer, mas já tinha engolido água demais. Ainda reunindo toda sua força, Vevé empurrou a cabeça do homem mais uma vez. Ele se debateu como um bicho, mas o efeito do álcool e da água engolida não o deixava lutar.

Quando percebeu que ele estava morto, Vevé saiu da banheira, foi até a garrafa da cachaça e os copos, colocou-os dentro de um saco, pegou o telefone, discou um número e esperou que atendessem, Aqui quem fala é Vera Vitalina. Um homem bêbado entrou na minha casa, anunciou um assalto, eu reagi, durante a luta corporal ele caiu dentro da minha banheira e morreu afogado. Por favor, venham depressa retirar esse cadáver daqui, eu tenho pavor a gente morta. Estava levemente aflita, mas calma. Seu plano inicial havia sido sair para resolver algumas pendências. A depender da hora que essa celeuma se resolvesse, ainda pretendia mantê-lo.

No dia seguinte, Verena Tormenta voltou a sair nos jornais, dessa vez também como Vera Vitalina. A matéria no jornal afirmava que "a famosa vedete da boemia" matara um assaltante que invadira sua casa em legítima defesa. Na entrevista que fizeram com o dono da boate, ele mostrou-se totalmente ao lado de sua funcionária, além de lamentar o fato. O cara entra na tua casa pra te roubar e te matar, se você tem a oportunidade vai fazer o quê, sentar com o cara pra jantar? Eu arrebentava as fuças dele. A menos que esse fosse parte do plano pra chegar a esse ponto, disse Vevé a si mesma quando leu o jornal.

Alguns meses depois o processo foi arquivado. Na segunda seguinte, Verena Tormenta rebolou como nunca na boate Scandal, e todas as vezes que olhava para a plateia, poderia jurar que Chacrinha estava sentado em uma das mesas, aplaudindo-a e sorrindo como se estivesse diante da única mulher que ele nunca poderia deixar de ter em seu cassino.

Omnia mutantur

Começou com um pedido do seu editor: seria possível fazer a gentileza de ajudar a tradutora do seu livro mais recente com uns termos que estavam causando dúvida? Lourenço ponderou um pouco. Foi até a prateleira, pegou um exemplar de *Cada forma de ausência é o retrato de uma solidão* e procurou no livro alguns dos trechos que o editor apontou. Em seguida viu a foto da esposa na orelha. Uma foto em preto e branco, pouco nítida, tirada no final dos anos 70, quando ela ainda não tinha trinta anos. Era essa a foto que ilustrava todos os seus livros, desde o primeiro.

Lourenço nunca pensara em escrever seriamente. Por isso adotara o pseudônimo de Vivian Ferraz e pediu à esposa uma foto antiga para colocar no livro — já que o editor havia solicitado. Se era pra criar uma persona, havia dito, façamos a coisa direito. Os bons comentários do primeiro livro, aliados ao prazer da escrita, entretanto, fizeram-no continuar a escrever. E depois que publicou o segundo livro suas obras começaram a ter uma recepção melhor por parte do público e da crítica, e seu nome vinha ganhando força no cenário nacional. Mais recentemente, nos dois últimos livros, sua editora conseguira vender os direitos para alguns países.

Uma das condições impostas aos seus editores desde o princípio havia sido que a editora jamais divulgasse e-mail para contato, agendasse entrevistas nem exigisse páginas em redes sociais para interagir com leitores. Ele era do sentimento de que a boa obra fala por si e encontra o seu destino. Inicialmente, esse pedido foi feito porque não pensava que iria existir um segundo livro, e como a carreira de professor tomava todo o seu dia, não tinha interesse em dispender tempo divulgando uma única obra.

Respondeu ao editor que sim, poderia ajudar. Criou um e-mail especificamente para este fim e pediu que o repassasse para a tradutora. Algumas horas depois, o e-mail da mulher chegou. Lourenço leu e sorriu. "Querida Vivian", "como mulher, você entende que", "uma voz que não é apenas feminina, mas universal", eram palavras que permeavam todo o texto. Claro que Lourenço recebia cartas de leitores se dirigindo a Vivian Ferraz, mas nesse caso era diferente, porque ele respondia com uma carta-padrão assinada por sua esposa utilizando-se de seu pseudônimo.

O e-mail da tradutora o obrigou a ser mais pessoal. Antes de enviar qualquer mensagem, certificava-se de que havia utilizado todos os pronomes autorreferentes na forma feminina, assim como os adjetivos. Não podia correr o risco de colocar em xeque um projeto particular que já durava mais de vinte anos: o de jamais ser descoberto.

Num dia de domingo, Lourenço se preparava para responder mais um e-mail da tradutora quando a esposa entrou em seu escritório avisando que iria visitar uma das filhas. Não volte tarde. Devo chegar antes do anoitecer.

Despediram-se com um beijo. Quando Anna saiu, ele olhou para o relógio. Era pouco mais de uma da tarde.

Naquele dia, Lourenço usou apenas um batom e colocou um par de brincos antes de ligar o laptop e entrar no seu e-mail. Ele não saberia precisar exatamente de onde vinha o desejo para além da vontade, não conseguiria apontar um fator. Apenas sabia que se sentiria mais à vontade para conversar com Paloma sobre seu livro — e ultimamente, sobre sua obra e sobre livros e autores da América Latina — se permitisse sua feminilidade aflorar. Sabia também que era algo vindo completamente de dentro dele, já que permitir que a tradutora o visse não era uma opção.

A partir dali, mesmo após a tradutora não precisar mais de sua ajuda, sempre que escrevia para seu editor, passava batom e usava brincos, e começou a utilizar-se, com ele também, de pronomes femininos para referir-se a si e pediu que ele se dirigisse não mais ao Lourenço, mas à Vivian Ferraz. Embora tivessem intimidade para isso, seu editor o fez sem questionar suas razões.

No final de semana seguinte foi ao shopping e comprou vários vestidos e sapatos femininos. A esposa ainda não estava em casa quando ele voltou, teria tempo. Tomou banho e depilou-se, escolheu um dos vestidos e colocou-o sobre o corpo sentindo cada parte dele, tocando-o com delicadeza e admiração: descobria-se. Passava a mão sobre o vestido para dar-se conta daquele tecido fazendo-o enxergar novas formas. Começava a ter a real dimensão do seu corpo para além dele próprio. Maquiou-se utilizando-se de uns tutoriais que encontrou no YouTube, e ao final percebeu que não se saiu tão mal. Estava um bonito homem-mulher.

Quando ouviu a chave na porta da frente, Lourenço-Vivian levantou-se e chamou a mulher para o escritório. No momento em que ela apareceu, com muito receio mas sem medo, disse a frase que havia treinado bastante, numa entonação de voz feminina, Meu amor, daqui pra frente eu sou Vivian Ferraz durante a maior parte das horas do dia. Lourenço esperava que a mulher chorasse, gritasse, dissesse qualquer coisa de modo a demonstrar algum tipo de dor e revolta. Ao contrário, porém, sua reação foi a de quem parecia estar há tempos esperando aquilo, como se não houvesse dúvidas. Disse apenas, Que bom que você incorporou a mulher que desejou ser desde o primeiro livro, Lourenço!, ao que ele replicou, Essa mulher sou eu, Anna. E no entanto, não quero deixar de ser homem, nem deixar você. O abraço que se seguiu a essa frase veio de forma natural. Quando se desprenderam um do outro, Anna disse apenas, Pra mim, vai ser uma alegria ser hétero e lésbica ao mesmo tempo. Quantas mulheres têm esse privilégio?

O próximo passo — contar para as duas filhas — também foi vencido sem maiores obstáculos. A fúria do mundo estava no passo seguinte.

Vivian escreveu para o seu editor, anunciando que ele poderia marcar uma entrevista coletiva. Ela estava pronta para encarar seus leitores. Dois dias depois, Vivian voou para São Paulo, onde foi recebida por um editor com um olhar de estupefação no rosto mas um semblante cordial. Então você resolveu assumir a personalidade da escritora, Lourenço?, perguntou, ainda no aeroporto. Eu *sou* a escritora, Martim.

Às 14h, pontualmente, a coletiva começou. O salão estava abarrotado de jornalistas, leitores e curiosos de outras editoras. A primeira pergunta foi exatamente o que ela precisava: Por que agora? Vivian explicou que levou todos esses anos de sua carreira para compreender o motivo primeiro por que havia escolhido um pseudônimo de mulher para assinar seus livros. Durante essas décadas o processo estava sendo elaborado dentro dela, e somente agora ela o compreendia e estava em paz com ele. Quando percebeu que essa seria a tônica da entrevista, pediu que perguntassem também sobre seus livros. O rumo da conversa mudou. Mas só naquele instante.

Já no dia seguinte soube pelo seu editor que as vendas dos seus livros haviam aumentado. Duas grandes matérias haviam saído na Folha de São Paulo e no Estado de São Paulo, e o burburinho que existia há anos se tornou uma explosão. Os discursos de ódio também se disseminaram. Comentários nos portais de notícia diziam que Vivian Ferraz queria apenas aproveitar que suas vendas estavam em queda para criar um fato gerador de vendas. Vagabunda, bicha e filha da puta eram outros adjetivos encontrados nesses mesmos comentários.

Durante muitos meses, Vivian viajou, deu entrevistas e palestras, participou de eventos literários. Passado o frisson, voltou a ser reclusa. Nas duas escolas em que dava aula, inicialmente, queria ser Lourenço. Achava que Vivian era para o seu eu escritora. Mas quando começou a ir a todos os lugares vestido de mulher, foi entendendo que vestir-se como homem para dar suas aulas era apenas o medo de perder seus empregos — mesmo consciente de que todos já sabiam, porque a mídia vinha sendo inclemente.

Foi então que compreendeu tudo.

Ainda apaixonada por sua esposa, Vivian e Anna nunca se distanciaram. As fundações que sustentavam seu relacionamento eram sólidas. Quando Vivian percebeu-se no mundo como um homem-mulher, sem qualquer tipo de pudor, sabia por que tinha feito tudo o que fizera durante tantos anos. Nunca mais voltou a escrever nem publicar livro algum. A própria vontade de escrever já não existia mais. O que tinha a dizer, dissera a si mesma desde a entrevista coletiva e repetira nos muitos eventos dos quais participara.

Com o passar dos anos, seus livros foram se tornando objetos de colecionador, encontrados em sebos e na Estante Virtual. Continuou a dar aulas, e cada vez mais, o preconceito se tornava uma questão menor, quase inexistente. Era o sinal de que ir em frente, às vezes, significava ir adiante, e que o tempo também tem suas benevolências, quando se ousa mudar de direção. A mulher que habitava o homem que ela era significava muito para si.

O destino do ser humano é ser livre; e para Vivian, era essa toda a tal liberdade.

O relógio do coelho de Alice

Raulzinho mal passava do portão de casa e já largava a mochila no chão e corria para o quintal ver como estavam os dois coelhinhos que ganhara da avó há quase um ano. Os animais correspondiam ao amor do menino: assim que o viam, ficavam eufóricos para sair da gaiola, pareciam saber que seriam alimentados e que o garoto era o portador da boa nova.

Para ele, eram como irmãos. Dava o almoço dos bichos e depois lavava as mãos para ir comer o seu, o pai e a mãe já sentados à mesa.

Não foi assim desde o início. Quando os coelhos chegaram, a ordem era: almoce primeiro, depois você dá de comer a eles. Mas em poucas semanas ambos começaram a perder peso e ficar muito tempo com a língua de fora. Levados ao veterinário, descobriu-se que eles precisavam alimentar-se mais cedo. O esguicho d'água que Raulzinho jogava neles no horário que chegava da escola ajudava-os a lidar com o calor. Ou faziam esse ritual mais cedo, ou os coelhos morreriam, avisou o veterinário. Só de ouvir a frase, Raulzinho começou a chorar. Não queria perder os únicos animais de estimação que tivera na vida. Além do mais, disse o menino, Se eles morrerem quando é que eu vou ter outro bichinho pra cuidar, se vocês não quiseram me dar um nem no meu aniversário de dez anos? Não teve no de dez mas teve no de onze, deixe de bobagem, disse a mãe. Teve porque a vó me deu. Por vocês, o animal dessa casa sou eu. Como é, Raul Gonçalves?, disse o pai, em exaltada repreensão. Calma, Ronaldo. Calma coisa nenhuma, Rosângela! Onde esse menino está aprendendo a ficar com a língua tão afiada? Venha almoçar, meu filho, a mãe desconversou.

O tom da mãe era sincero, mas escondia culpa. De fato, não quiseram os animais quando a avó os trouxe da feira, onde os pegara ainda bebês. Mas como era um presente da avó, e há dois anos o menino insistia tanto por um bicho, acataram. E como não quiseram ajudar a cuidar dele, acabaram cedendo à ideia de ver o filho à mesa do almoço somente depois que ele alimentasse seus pequenos mamíferos.

Venha almoçar, chamou novamente a mãe. Hoje é bife assado. Raul já tinha se esquecido do rápido entrevero com o pai e abriu um sorriso pleno de infância: para ele, não havia comida melhor do que carne assada. Sempre que Marlene colocava uma panela em cima da mesa, esbaforida, depois de passar a manhã cozinhando, era ele quem comia mais, muito para a preocupação da mãe, porque o menino gostava da carne esturricada. Estava bebendo água o suficiente pra compensar toda a comida seca que andava ingerindo? Olhe, olhe, dizia o marido, esse menino cedo vai ter problema de hemorroidas. Se tiver, a gente cuida, replicou a mulher. E é bom que ele aprende a se alimentar melhor.

Até ali, entretanto, tudo bem. O menino engolia colheradas de carne, arroz e farofa, e a mãe sempre atrás com bastante água, mamão e ameixa no café da manhã e em outras refeições. Ronaldo, contudo, se eximia de qualquer futura culpa: havia chamado a atenção da mulher para o problema, não era homem de ficar repetindo o que dizia. Sua responsabilidade estava em pagar o plano de saúde em dia; a da mulher, em marcar as consultas e levar o menino aos médicos.

Depois de comer, Raulzinho foi fazer as tarefas de casa. Queria terminar logo tudo para ir para o quintal brincar com o Romã e a Macaúba.

Era o primeiro aniversário desde o acidente e todos os primos estavam lá. O pai abriu a porta do quarto e anunciou, Olha a surpresa que vieram fazer pra você, Raulzinho!, e todos entraram de uma vez cantando parabéns e cobrindo o menino de abraços e beijos, depositando presentes em cima do cobertor e no estreito entre ele e o fim da cama. Rosângela colocou a cabeça para dentro do quarto e deu uma olhada rápida para ver a algazarra que estavam fazendo ali dentro e para se certificar de que seu filho estava bem. Quando fechou a porta e pôde ouvir os sons abafados que as crianças faziam, o choro desceu livre e aberto. Ronaldo veio até ela e a acolheu entre os braços. Ele nem queria ir, Ronaldo. Ele nem queria ir naquele brinquedo. Foram os primos que insistiram. Aí o meu Raulzinho escorrega e cai, jogado tão longe pela água daquele escorregador gigantesco que eu nem vi aonde ele foi parar. Desde que o menino ficara tetraplégico o choro e as lamentações da esposa eram a rotina diária dentro daquela casa. E ele ali, estoicamente fazendo de tudo para não ficar louco. Acalme-se, Rosângela. Vá dormir um pouco. Ronaldo entregou a ela um comprimido e ligou o ar-condicionado do quarto. Em quinze minutos Rosângela já estava adormecida.

Acordou com o marido chamando para o almoço. Um pouco tarde para almoçar, ele sabia, mas tinha gente demais na casa e até aquela hora não tinham comido nada. Fora preciso fazer um prato farto. Então — ele pensou —, um só não ia dar pra todo mundo.

Colocaram Raulzinho numa cadeira de rodas e levaram-no até o local da mesa onde ela se ajustava para que ele pudesse ser alimentado pela gorda Marlene. Os primos começavam a se sentar, e Rosângela, ainda trôpega, fez o mesmo. Guardei a surpresa para o seu aniversário, disse o pai, retirando os pedaços de carne assada de dentro de uma panela grande. Fui eu mesmo que fiz tudo, meu filho. Torradinha, do jeito que você gosta. Espero que tenha ficado bom, porque a carne desses animais, quando é velha, fica dura, impossível de mastigar. Você vai concordar comigo que foi a melhor decisão. Quem iria cuidar deles agora?

Raulzinho retesou todos os músculos da face, num esgar que parecia dor — e talvez fosse mesmo — e chorou. Chorava de se engasgar com as próprias lágrimas. Era seu corpo lembrando-o que aquela era a única parte que ele conseguiria mexer.

Ao redor da mesa, os primos se entreolhavam. Demorou algum tempo até eles fazerem ideia do que se passava.

Chupeta de baleia

Maldito seja o filho da puta que inventou esse negócio de balão gástrico. Maldita seja eu por ter caído nessa esparrela que me fez acreditar que seria a melhor solução para um problema que eu literalmente carrego comigo desde antes de me entender como gente. Há coisa de duas semanas antes de enfiar esse negócio em mim, eu havia dito ao médico, que me sugeriu uma cirurgia bariátrica, Não tem *perigo* de eu fazer uma cirurgia dessas. Morro gorda, inchada, fudidaça sem conseguir nem me levantar da cama, mas não retiro pedaço de mim pra me fazer comer menos. O médico olhou pra mim com a cara de quem estava fazendo ele perder seu tempo, que poderia estar sendo utilizado naquele momento com outra gorda que topasse pagar a ele os tubos de dinheiro pra ser esquartejada. Falei pra ele essa de ser esquartejada. Disse até que não queria dar uma de Tiradentes, só pra ele saber que eu não sou uma mulher que só tem dinheiro. Também sei história, tenho cultura. Ele não se impressionou. Assim a senhora me ofende, ele disse. Essa cirurgia hoje em dia é feita com tecnologia de ponta. Inclusive pode ser feita sem corte algum. Não quero saber, respondi. Pra mim, só imagino como se eu fosse uma porca sendo rasgada viva dentro de um açougue. Anestesiada, mas viva, e sendo retalhada com partes sendo jogadas fora. Eu li tudo na internet, doutor. Sabe qual a média de vida de quem faz essa porcaria de cirurgia bariátrica? O senhor sabe o número de pessoas que desenvolvem depressão e que cometem suicídio depois dessa cirurgia? Porque vocês não revelam tudo para os pacientes? Claro, porque é mais fácil pensar em contas bancárias cada vez mais rechonchudas, não é? Ao contrário dos pacientes, gordura na conta bancária, veja só!, é uma beleza. Dr. Arnoldo suspirou. Tudo que eu queria era que ele abrisse a boca pra dizer que eu estava mesmo parecendo uma porca, pra eu enfiar a mão na cara dele. Ao invés disso, ele disse, Então a gente pode colocar um balão gástrico. Ele me explicou todo o funcionamento deste tal "recurso clínico", como assinalou. É como se soprassem um balão de aniversário dentro de mim, que preenche cerca de metade do estômago e eu iria, por conseguinte, me sentir saciada com menos comida. O que o filho da mãe convenientemente esqueceu de dizer é que você passa dias e dias com o seu organismo atacando aquele intruso a todo custo, com náuseas e vômitos. Descartada a opção da cirurgia, no entanto, e lembrando das dores nos joelhos, tornozelos, pés parecendo uns répteis atropelados e dores nas costas — isso pra não falar do colesterol nas alturas e da pré-diabetes, disse que toparia fazer essa experiência, principalmente porque ele avisou que depois de um tempo o tal balão ia ser retirado de mim, e que o processo para colocá-lo lá dentro durava algo em torno de 15 minutos. É como um DIU, que tem uma validade, concluí. Não que eu use DIU, porque há tempos que eu não sei o que é ter alguém pra me comer.

Evidente que isso nunca foi tarefa fácil, mas quando eu era mais novinha tinha aqueles fetichistas, e quando nem esses apareciam, sempre tinha os classificados ou, nos últimos tempos, os sites, onde você vê detalhes antes de senti-los dentro de você, é uma beleza o que o dinheiro pode comprar, nem que seja por um instante breve. E tudo bem também, se for tudo o que você puder ter. Quer dizer, tudo bem hoje, que eu já deixei o passado pra lá. Porque sempre foi do meu entendimento que as coisas não teriam chegado a esse ponto se eu tivesse pais mais atentos. Tem gente que não nasceu pra ter filho e insiste em colocar criança no mundo, né? E eu me pergunto: *pra quê?* Pois foi bem numa família dessas que eu fui cair.

Nunca tive coragem de dizer à minha mãe que tanto os meninos quanto as meninas faziam da minha vida um inferno no colégio porque eu era gorda. Achava que se eu falasse e ela fosse ao colégio, depois de uns tempos a coisa ia era piorar, então eu aguentava cada humilhação calada. Mas o corpo expressa o que a mente absorve e silencia, e eu fui ficando mais e mais gorda, porque eu descontava minha tristeza na comida, até que um dia minha mãe se deu conta disso e perguntou, O que é que está acontecendo, Érica? Eu nem conseguia acreditar numa pergunta daquelas. Eu era uma menina grandalhona, sem bunda, os peitos que começavam a despontar para o mundo sendo engolidos por tanta banha, e minha mãe vem perguntar o que está acontecendo. Eu tive vontade de dizer tanta coisa, tanta coisa, e no fim das contas só consegui perguntar, Mãe, porque eu sou tão gorda? Na verdade, o que eu queria saber era porque eu tinha tanta tendência pra engordar;

aparentemente eu engordava até respirando, enquanto minha prima Lidiane passava as festas de aniversário da família comendo e o apelido dela era Olívia Palito.

Eu também tinha um apelido nessa época, lá pelos onze, doze anos. Chupeta de baleia. E quando eu ouvia alguém me chamando assim, eu só fechava os olhos e imaginava que era bem capaz de caber na boca de uma mesmo. Autoestima onde, né? Não responda.

Um dia uma tia veio me dizer que eu tinha ficado daquele jeito porque tinha tomado muito remédio com corticoide quando era bem pequena, por conta da minha asma, e também porque nessa mesma época eu tinha muito fastio e tomava muito estimulante pra apetite. Aparentemente esse estimulante entrou no meu organismo e nunca mais saiu. Então eu resolvi dar um jeito nisso e arranjei uma cartela de lacto-purga. Minha ideia era me esvair em bosta, colocar pra fora tudo que eu tinha comido antes que o organismo assimilasse aquela quantidade de jujubas, chocolates, coxinhas e pastéis que eu tanto comia. O remédio fez efeito, claro, mas o único resultado foi que eu me desidratei tanto que fui esbarrar no hospital — e quando saí de lá, parecia que eu tinha estado amarrada há dias e sido esquecida numa solitária. Devorei tudo que encontrei pela frente.

A luta foi tomando de conta da adolescência. Mas eu sempre perdia, e a desgraça ficava ainda mais tétrica se eu tivesse que ir para a academia. Nem tomando a porcaria da proteína whey, o shakezinho utilizado por quase todo mundo que puxa ferro, da dondoca ao filhinho de papai marombado. Tentei de tudo. Em determinada altura começaram a trazer uns grãos pra gente misturar ao leite, ao iogurte, a frutas e legumes picotados. Nomes como linhaça, granola, aveia, centeio, müsli, cevada, começaram a se popularizar, e eu passei uns bons anos da minha vida enfiando tudo isso pra dentro. A impressão que eu tinha era que se ainda estivéssemos nos tempos em que fazíamos o mato de banheiro, em pouco mais de um ano eu conseguiria reflorestar boa parte da Amazônia. Aquilo também não era pra mim.

Na faculdade conheci uma menina que me deu uma dica, Começa a fumar, é um tiro certo! Eu também sempre fui gordinha, comecei a fumar e olha só, como estou, disse ela, abrindo os braços pra mostrar a beldade que ela pensava que tinha se tornado por conta da dieta do cigarro. Pensei comigo: estou me matando comendo desse tanto mesmo, se pelo menos o cigarro me ajudar a emagrecer, tô no lucro.

Deu certo. Perdi mais de dez quilos em três meses, porque o cigarro tirava a minha fome. Em compensação, os bares da cidade ganharam uma nova sócia. Substituí a comida pelo álcool, e isso transformou minha vida.

Eu tinha uns vinte e três anos e, por causa do meu novo hábito, comecei a fazer uma coisa que nunca fizera em nenhum dos anos anteriores: sair com o pessoal da faculdade. Sempre achei que eu seria aquela gorda filhadaputa que, numa emergência, iria colocar todo mundo em risco. Não queria ir a uma boate porque tinha medo de que, num incêndio, eu não só não conseguiria ter a agilidade necessária para escapar, como ainda ia impedir que outras pessoas conseguissem chegar até a saída. Não ia ao cinema porque tinha medo de entalar nas poltronas, não ia aos bares porque universitário é tudo um bando de lascado e só tem condição pra ir naqueles de mesas e cadeiras de plástico branco ou com a marca do patrocínio de alguma cerveja popular, onde uma sentadinha poderia ser fatal.

Mas como eu estava emagrecendo, resolvi arriscar. Além do mais, eu passei a comer uma semente mexicana chamada chia, que se tornara a última moda entre os naturebas. Quer dizer, comi até o momento em que comecei a sair com os colegas, porque ô negócio caro essa tal de chia. Tão caro que quando eu queria elogiar alguém dizia, Pra mim você vale mais do que um saco de chia! Dependesse de comer essas sementes ia morrer gorda mesmo. Então, tive que fazer a opção: ou chia, ou folia. E eu escolhi ser a gordinha engraçada e social no meio dos colegas. Meu Marlboro e Lucky Strike eram quem vinham dando conta do recado e ia continuar sendo assim.

Lembra que eu falei que começar a beber mudou minha vida? Foi numa mesa de bar que eu conheci o André. Ele era de uma outra turma, dois semestres antes do meu, e por um motivo que eu viria a entender pouco tempo depois, ele sempre escolhia a cadeira ao lado da minha pra se sentar sempre que o pessoal saía. Passávamos a noite bebendo e comendo espetinho com farofa. Se tivéssemos arranjado alguma grana, pedíamos algo melhor, como ovo de codorna e coração de galinha assado. Eu, que só comia pra forrar o estômago e não cair de bêbada na segunda cerveja, pouco me importava com o que aparecesse na mesa pra mastigar. O que interessava a todo mundo ali era fazer barulho, falar mal dos professores e comentar sobre o futuro profissional, que àquela altura, na iminência de terminarmos o curso, era uma preocupação geral.

Alguns meses antes de colar grau comecei a perceber que estava com dificuldade para respirar. As escadas do bloco onde eu tinha aulas, que antes eu subia sem grande esforço a não ser o exigido para carregar meu excesso de peso, passaram a ser uma escalada ao Monte Fuji. Outras coisas vieram nessa esteira: meu cabelo estava ressecado e caindo, minha pele começou a ficar pálida, sem vida. Em resumo, eu estava começando a ficar toda encalacrada com o número de problemas aumentando e, como se não bastasse, muito em breve eu terminaria minha metamorfose e me transformaria num bucho.

Mesmo assim, o André continuava sentando perto de mim. Até que numa sexta-feira qualquer, depois que todos tinham ido embora e ficamos só nós dois, bêbados mas ainda lúcidos, entendi o que já vinha desconfiando, porque dois excluídos se reconhecem como se tivessem antenas comunicantes: eu, pela minha gordura que sempre fora motivo de chacota, exclusão e embarreiramento com homens, ele, porque não sabia mais o que fazer para esconder da família que sua grande vontade era justamente de namorar, casar, brigar e fazer as pazes: com homens. Choramos nossas mágoas todas, ali mesmo. E começamos a sair juntos sozinhos. Em pouco tempo era como se tivéssemos sido amigos desde o maternal. Principalmente porque amigo gay a gente sabe, são ótimos pra dar um ombro pra gente. É como se tudo por que passam desse a eles um ensinamento maior sobre a vida. Eu, coitada, a sempre assustada, traumatizada, rejeitada e antissocial — pelo menos tinha sido assim a maior parte da minha vida — ajudava como podia.

Meses depois que nos formamos, André sumiu. Soube depois que, encorajado por nossas conversas, contou para os pais que era gay, e a mãe o mandou para a casa de uma tia em Portugal, para "se afastar das amizades" daqui por uns tempos. E olhe que ela nem me conheceu. Se tivesse me conhecido teria despachado o menino bem antes. Quando ele voltou, dois anos depois, nos reencontramos no primeiro dia de aula de uma pós-graduação. Com o sotaque ligeiramente diferente, ele me perguntou depois que nos abraçamos, E aí, o que dizer dessa nossa coincidência, gaja?! Eu respondi com um sorriso sem graça e um dar de ombros meio sem jeito. Quando a aula terminou, no fim da tarde, soube que ele estava naquele curso por ordem do pai. Desde que nos formamos, ele tinha o diploma de engenheiro elétrico mas nunca tinha trabalhado com nada na área. E o que você fez esse tempo todo em Portugal? Ah, meu pai conseguiu que eu trabalhasse limpando banheiros, desentupindo pias e tirando leite de vaca às quatro da manhã. Segundo ele, eram trabalhos que iam me transformar em homem. E transformaram?, perguntei com um sorriso maroto. Me transformaram naquilo que eu nunca deixei de ser, não é? Tive casos com caras em todos esses lugares que, segundo meu pai, deveriam ser insuspeitíssimos. Mas acho que ele desconfiou de algo, ou minha tia desconfiou e disse pra ele, porque me colocaram num avião e agora estou numa coleira. Ele quer saber de todos os meus passos. Ou faço o que ele manda, ou sou deserdado. Perco o direito a tudo. Ele quer que eu termine esse curso e vá trabalhar com ele, dentro do escritório dele.

Intuí que aquilo não ia acabar bem.

Quando o semestre já estava quase terminando, André chegou pra mim com uma proposta: nós casaríamos, iríamos morar juntos num apartamento dado pelos pais. Mas nem se preocupe, ele disse, até em quarto diferente a gente dorme. Tudo dentro da casa fica por minha conta, e ainda lhe pago uma boa grana. Eu não vou tocar em você e você tem a liberdade de sair com o homem que quiser. Tadinho, achando que isso pra mim era tarefa fácil.

Passei duas noites refletindo sobre a proposta e sobre a minha vida. Eu nunca teria o padrão de vida que o André poderia me oferecer. Vinha de uma família de pais lascados. Casar com o André e continuar livre seria uma boa. Nos casamos dois meses depois, numa cerimônia na praia, para poucos convidados — minha única exigência, porque se tem uma coisa que eu nunca tive tato pra lidar é com gente metida a besta, muito menos com as socialites e os engravatados que orbitavam em torno do meu futuro marido. A fantasiosa lua-de-mel foi nos confins da Tailândia, porque eu fazia questão de ir pra um lugar onde a gente pudesse justificar dificuldades tecnológicas para não dar notícias durante vários dias.

Conforme o prometido, André não quis tocar em mim, o que não chegou a ser uma frustração, embora ele fosse muito bonitinho. Vá ser feliz em outras camas, meu filho. Mais tem Deus pra me dar, pensei sorrindo pra mim mesma, conformada. Na volta, a surpresa: a velha guarda toda no aeroporto, nos esperando. Qual foi a primeira frase que ouvi da boca da mãe dele? E aí, já encomendaram meu netinho? André só fez sorrir, e depois me contou que teve vontade de dizer que se houvesse netinho, com certeza teria aqueles olhinhos puxados que ele achava um charme.

Mas os pais pareciam ter levado a ideia a sério, talvez mais como comprovação de que o filho fosse capaz de fuder uma mulher do que porquê de fato queriam um neto para o qual eles não tinham o menor interesse em dar atenção. Bastava ver como tratavam os netos dos outros filhos nas festinhas de família pra isso ficar evidente. André me dizia que não aguentava mais as inúmeras pressões do pai: para assumir posições no trabalho, para lhe dar um neto, para acompanhá-lo em viagens de negócios. E André só queria fazer qualquer outra coisa da vida.

E fez. Desembarcou dela.

Estávamos jantando, só eu e ele, quando o vi levar, bruscamente, a mão para a boca e dizer que sentia como se a comida estivesse voltando. Logo em seguida, reclamou de uma dor forte no peito. Ainda pensei comigo que aquilo pudesse ser uma gracinha. Não sei por que pensei aquilo, já que André não era dado a piadas. Pelo menos não desde que terminamos a faculdade. Sequer tive tempo de chamar uma ambulância.

Quando o advogado da família veio falar comigo, soube que ele havia deixado muitas coisas em meu nome, além de apólices e um seguro de vida que me deixariam viver uma vida com muito conforto. Bem administrado, eu ficaria velha a ponto de perder todos os dentes e ainda teria uma boa condição.

Com o dinheiro deixado pelo André achei que fazer a cirurgia bariátrica seria uma boa, mas depois de muita conversa com os médicos, desisti. No meio disso teve a porcaria do balão gástrico que quase acabou comigo, mas perdi a paciência e mandei tirar. Então resolvi fazer lipo, ajeitar nariz, peito, bunda, tirei tudo que foi de pelanca. Comecei a me cuidar sem o sofrimento de antes, mesmo dos tempos em que fomos casados. Talvez vê-lo tão perturbado todos os dias tirasse de mim também o ânimo para me cuidar. Depois que sobrou só o dinheiro e a paz advinda com a solidão, consegui.

Nunca mais quis casar. Agora, que sou uma viúva alegre, entendi que meu companheiro é o dinheiro. Todo mundo quer se aproximar de mim por causa disso. Querem me apresentar a empresários, que me ligam chamando pra jantar, me chamam de meu amor, de minha rainha, essas merdas todas. Mas quer saber? Cansei desse joguinho de dispensar os homens como vingança. Quer dizer, dispensar *mesmo*, não, porque de vez em quando escolho um pra me divertir.

Voltei a comer doces mês passado e já ganhei alguns quilos. Que diferença faz, se tenho o que quero? Chupeta de baleia? Foda-se. Quem manda no meu corpo sou eu, caralho.

A âncora encoberta pelo mar

Por alguma razão que eu não sei precisar porque ficou num lugar fundo demais na memória, todas as vezes que eu tinha férias escolares acabava indo para a casa da minha avó, a quase 200 quilômetros da cidade onde eu morava. Cheguei a cogitar que meus pais queriam um tempo para eles, mas como minha irmã, mais nova que eu apenas dois anos e que dava tanto trabalho quanto eu, ficava em casa, essa hipótese — concluí depressa — não fazia sentido. Também pensei na possibilidade deles quererem mais liberdade para nos dar mais um irmão, o que também foi refutado rapidamente, porque já fazia alguns anos que meu pai reclamava do preço das coisas e das contas — por que ele iria querer provocar mais uma? Então, nunca compreendi ao certo a lógica deles.

Nessas andanças pelo interior, minha liberdade era tão grande que nem mesmo quando eu queria conseguia contê-la. Em determinada hora do dia meu corpo exalava cansaço, os olhos quase não se seguravam abertos, mas o prazer ilimitado de não precisar dizer a toda hora para onde iria nem a que horas voltaria (ou pelo menos não com muito rigor) vencia meu momentâneo estupor, e eu procurava o que fazer. Não tenha dúvida que aos nove ou dez anos, eu sempre encontrava.

Uma das atividades mais prazerosas daquele tempo era pegar uma bicicleta que o vizinho da minha avó me arranjava para andar nos dias que eu passasse lá e sair visitando os parentes, que eram muitos, porque tanto meu pai quanto minha mãe tinham os membros de sua família espalhadas por todo o município. E como a cidade não era muito grande, eu pedalava de cima a baixo indo na casa de um e de outro, todos os dias. Lembro que eu não fazia aquilo com todos por puro prazer — havia uns tios chatos, que sempre ficavam fazendo gaiatices que me incomodavam enormemente. Antes, era uma obrigação. Se eu não fosse, depois podia ter que acabar me explicando ao meu pai ou à minha mãe por que não havia visitado esse ou aquele, geralmente depois que um sabia que eu estava pela cidade e ainda não tinha pisado na casa dele. Então, era menos ruim aturar os tios chatos por alguns minutos. Quando não eram os tios, eram os filhos deles. Naquele tempo, a diferença de cinco ou seis anos entre nós era abissal, e como todo menino ou menina mais velho diante de um mais novo, meus primos gostavam de se exibir para aqueles que julgavam bebês. Não foram poucas as vezes em que algum deles saiu chorando, porque minha paciência era torrada com pouca coisa, e eu nunca fui de me curvar demais.

Mas, apesar de não hesitar antes de mostrar minhas garras, eu também tinha um lado muito sensível, e era ele que se mostrava quando eu visitava a tia Lucrécia, uma das irmãs mais velhas de minha mãe.

Tia Lucrécia morava numa casa pequena e mal arejada, onde janelas abertas significavam pouco vento e sol inclemente sobre os móveis da casa. Sempre que eu entrava lá, depois de deixar minha bicicleta estacionada bem na frente, meio de qualquer jeito, seguia-se um ritual. Ela me fazia sentar naquilo que deveria ser uma pequena e apertada garagem, onde existiam umas três ou quatro cadeiras, e perguntava pelos meus pais e pela minha irmã. Depois me chamava pra dentro da casa para tomar café e comer um pedaço de bolo mole. Eu quase não falava, muito porque ela não deixava. Tia Lucrécia era daquelas que ligavam a matraca e não paravam mais. Enquanto ela falava, a maior parte do tempo meus olhos percorriam a casa como a descobrir desígnios. Nas paredes, desenhos semelhantes a retratos dos pais, já falecidos. Os móveis antigos e muito limpos estavam sempre repletos de uma louça que ela herdara da mãe e que jamais usaria, e bem perto da mesa do café, um guarda-roupa com uma porta pendendo para um lado, quase caída, e um espelho tão antigo e riscado que não tinha condições de mostrar beleza ou feiura alguma.

Eu tinha pena de tia Lucrécia. A fala dela me parecia com o tipo de coisa que só gente muito sozinha dizia: um assunto emendando no outro, sem pausa para um fôlego, os discursos girando em torno de doenças de vizinhos, parentes, da carestia de tudo, da proximidade de uma velhice sozinha, da cara feia que as pessoas colocavam em cima dela pelo que ela julgava ser inveja. Inveja do quê eu não sei, porque tia Lucrécia trabalhava como merendeira de uma escola pública e o que ganhava mal dava para comprar comida. Não fosse alguém ajudando daqui e dali, era bem provável que chegasse o natal e ela não tivesse nenhuma novidade pra vestir. Na escola, ela também tinha que fazer as vezes de servente, quando a diretora mandava que ela largasse pratos e panelas e fosse limpar algum dos banheiros imundos porque já não aguentava mais os alunos reclamando do mau cheiro. Em casa, vivia quase sozinha. Teve um único filho, durante um namorico fugaz com um homem que prometeu casar-se com ela caso eles transassem, mas que abandonou ela e a cidade assim que soube de sua gravidez. O filho nasceu praticamente surdo, e seu trabalho como merendeira e servente não era suficiente para comprar um aparelho auditivo, que poderia melhorar, ainda que minimamente, a situação de seu filho. Naquela época, um aparelho daqueles era caro e, no caso dele, como não desse garantias de nenhum benefício significativo, foram deixando para lá, numa resignação impossível de compreender. Só muita ignorância de todos os irmãos para não se darem conta de que a inércia só serviria para distanciar a mãe do filho, o que de fato ocorreu. Embora tenha sido fiel à mãe durante todos os anos que viveu, sem ouvir direito o mundo, Normando cresceu com um leve retardo, que nada mais era do que sua incapacidade de interagir com a realidade à sua volta, condenando-o a viver em um universo à parte.

Na família, a história que corre é que tia Lucrécia tentara abortar o menino por mais de uma vez durante a gravidez. Quando ela viu que a criança resistia, porque muito provavelmente ela não estava fazendo a coisa da maneira certa, resolveu tê-lo. Levou a irmã Luciana, então uma menina de 16 anos, para morar com ela e ajudá-la durante a gravidez, e acabou tendo a criança com o auxílio desta irmã, em casa. Dizem que o menino saiu de uma vez, como se mal esperasse para poder fazer parte desse mundo, ignorando completamente o que o esperava aqui do lado de fora.

Depois de levar um pé na bunda do pai do menino e da quase total surdez da criança, tia Lucrécia entrou em um celibato que nunca mais foi rompido. Falava de homens apenas ocasionalmente, mas logo mudava de assunto, como quem comete um pecado e não só: um pecado grave. Passou então ao discurso histérico de quem é tomado pela culpa, e era esse que eu ouvia todas as vezes que ia visitá-la nas minhas férias. O assunto das tentativas de aborto, claro, era um tabu na casa dela e quase que em qualquer lugar. Sobre aquilo não se falava em voz alta, sequer longe dela. E havia ainda os que reprovavam o tema, ainda que comentado à boca pequena. O que havia com certeza eram irmãos discordantes. Alguns, de um total de nove, não queriam ajudá-la por conta dessa história de tentativa de aborto.

O engraçado era que nas festas de natal e ano novo, todos se reuniam na mesma casa e a abraçavam e beijavam como se nos bastidores o tom dos diálogos não fosse outro. Desconfio que tia Lucrécia só era convidada porque fazia um pato assado como ninguém, e aquela era uma receita que não podia faltar nas festividades da família. Além disso tinha uma outra coisa: não havia um problema mecânico nos carros que ela não soubesse resolver. Quando corriam à sua porta para dizer que o automóvel de alguém estava com problema, em pouquíssimo tempo ou ela dava um jeito, ou dizia o que precisava ser feito, acrescentando, Me traga a peça que eu mesma deixo tudo como é pra ficar. E assim fazia. Não que naquele início dos anos 80 existissem muitos carros numa cidade tão pequena, provinciana e carente de tudo como aquela. Mas os que tinham adoravam utilizar-se das mãos dadivosas de tia Lucrécia, e vê-la trabalhando em silêncio, momentaneamente transformada, era perturbador. A mulher que caminhava como Atlas carregando o peso do mundo nos ombros, diante de um veículo se transformava numa figura altiva e determinada. A vida de tia Lucrécia seguia nesse ritmo até que um evento ocorrido quando seu filho Normando tinha por volta de vinte e cinco anos mudou completamente a sua vida, e o nunca deixou de existir.

Uma das vizinhas de que tia Lucrécia tanto falava foi bisbilhotar a casa dela enquanto ela tinha ido a uma missa. Portas de madeira com ferrolhos por dentro e por fora divididas em duas partes, era assim na maioria das casas daquela cidadezinha naquele tempo. A mulher foi entrando com a desculpa de pedir qualquer coisa. O que ela queria mesmo era confirmar o que já se desconfiava nos fuxicos que se ouviam nas saídas das missas: o primo Normando, para sempre rejeitado pelas garotas, era constantemente assediado por certos rapazes da cidade, que se aproveitavam dos momentos em que tia Lucrécia estava ausente. Pois essa vizinha viu o que sempre estivera no seu imaginário, e saiu espalhando para toda a cidade. Não sei ao certo o que aconteceu ao personagem que pegaram em cima do meu primo, mas na minha lembrança ele não habita como alguém de grande relevância; ou porque abafaram o nome dele, por uma ou outra razão, da maioria das histórias que contaram — porque, claro, *muitas* histórias surgiram a partir dessa, a maioria inventada — ou porque o que aconteceu em seguida ganhou tanta proporção nos círculos familiares que toda a família — os que moravam no interior, na capital e até nos grandes centros do sudeste — acabou se mobilizando para socorrer a tia, que não aguentava mais o escárnio público, os comentários quando ela passava na feira, na farmácia, e o pior de todos, na igreja. Uma das irmãs compreendeu que ou faziam algo ou tia Lucrécia entraria em depressão. Quando dois dos irmãos se articularam para levá-la a um psiquiatra na capital, meu primo foi encontrado morto, pendurado no teto com uma corda amarrada ao pescoço, ao lado de uma cadeira tombada. Depois daquele dia, tia Lucrécia nunca mais foi a mesma e nem a cidade foi mais a mesma com ela. De motivo de chacota, tia Lucrécia se tornou uma santa. Sua vida passou a ser unicamente o seu trabalho, que fazia de boca fechada, sem dirigir a palavra a ninguém e sem responder quando faziam a ela alguma pergunta. Quando precisava ir aonde quer que fosse, as pessoas a tratavam como se ela fosse a mulher do prefeito, e quando ela dava as costas, ninguém dizia nada. Se ainda havia algum tipo de comentário, era algo como, Lucrécia se acabou depois que o filho morreu. E paravam por aí. Eu cheguei a visitá-la mais algumas vezes durante meus períodos de férias, e o que vi foi uma mulher morta, caminhando como uma manca. Tia Lucrécia nunca tivera uma grande vitalidade na vida, mas seu jeito de falar aos borbotões e sua conhecida exasperação se apagaram; ela tornou-se um arremedo do que um dia foi.

O que sei da parte a seguir da história de tia Lucrécia me foi contado por outros membros da família. Àquela altura, eu já não participava de mais nada; ao crescer, a cidade perdeu sua importância pra mim e eu agreguei outros interesses, junto aos amigos da cidade onde eu morava.

Pelo que soube, o pequeno interior onde todos se conheciam também cresceu. Nesse crescimento, ganhou uma agência do Banco do Brasil. Era a única da localidade, e por isso mesmo de vital importância para movimentar a renda das famílias do lugar.

E foi por causa dessa agência que a vida de tia Lucrécia mudou.

Com o filho enterrado há quase uma década, minha tia já começava a caminhar pela cidade com mais desenvoltura, embora sem jamais perder o ar de viúva enlutada. Com o aumento da idade, tia Lucrécia deixou de fazer merendas e foi realocada para um cargo de confiança: ir ao banco fazer pagamentos da escola e, eventualmente, da diretora. Como o banco ficava praticamente ao lado, para tia Lucrécia aquela foi uma troca mais do que justa.

Ocorre que naqueles dias o governo do estado vinha fazendo um programa de segurança muito eficaz na capital, o que fez com que a bandidagem migrasse para o interior. E calhou de tia Lucrécia estar no banco bem no dia do assalto que ganhou o noticiário nacional, porque teve direito a mortos, explosões, perseguição policial e reféns.

Foi a partir daí que a vida de tia Lucrécia se transformou, dessa vez, para melhor. Na fuga do banco, com o carro cheio de dinheiro, os bandidos levaram justamente a tia Lucrécia e um outro homem, Taumaturgo, que era uns dois ou três anos mais velho do que ela, como reféns. Era preciso ter o que negociar caso a polícia os alcançasse, e eram eles que estavam mais perto da porta na hora da saída.

A fuga foi uma piada. Sem qualquer visão de segurança, ou por pura ingenuidade, o prefeito jamais buscara a ajuda do governo estadual para conseguir mais viaturas em seu município. O único carro da polícia na cidade não tinha como se comunicar com outras viaturas, e ficou sem gasolina no meio da estrada, em meio à perseguição.

O carro simplesmente foi morrendo, morrendo, até que perdeu o veículo dos bandidos de vista. Depois de soltarem rojões para o alto enquanto diziam gracinhas e palavrões para a polícia local, prometendo uns aos outros de "voltar lá qualquer dia desses" ou "com um tratamento desses a gente vira freguês", abriram a porta do carro e enxotaram tia Lucrécia e seu companheiro de sequestro à beira de uma estrada, no meio de uma noite profunda, que depois eles ficaram sabendo que era um vilarejo a quase cem quilômetros de onde foram retirados.

Taumaturgo segurou-se na mão de tia Lucrécia e a primeira coisa que disse foi, Eu preciso tomar meu remédio da pressão. Você está com ele aí?, perguntou tia Lucrécia. Estou, mas estou muito tenso, não vou conseguir tomá-lo sem água. A gente vai resolver isso, assegurou minha tia.

Era a velha tia Lucrécia, mecânica de carros em geral, de volta.

Eles conseguiram chegar a um sobrado, já com as luzes apagadas. Mas foi a insistência à porta que os salvou.

Apesar da cidade pequena, como tia Lucrécia não se dava ao trabalho de vê-la crescer à sua volta, nunca ouvira falar no homem que fora sequestrado com ela. Conversaram longamente no caminho da volta, até dormirem encostados um no ombro do outro.

Nos dias seguintes, a velha solteirona a que a família já estava acostumada pareceu subitamente ter rejuvenescido alguns anos. Os mais afoitos já suspeitavam do que se tratava, mas ninguém sabia dizer ao certo o que estava se passando. O fato é que tia Lucrécia, que já tinha tempo para se aposentar, solicitou sua aposentadoria junto ao governo e aceitou o convite de Taumaturgo para ser sua secretária, num escritório que ele abriria na cidade em duas semanas. Ele era, ela ficou sabendo depois, o novo dono de vários postos de gasolina da região, e havia ido àquela agência bancária para falar com o gerente a respeito de um financiamento que estava para ser liberado para a aquisição de outros negócios na cidade.

Não demorou muito e o que parecia óbvio se confirmou: alguns meses de trabalho lado a lado e tia Lucrécia e seu Taumaturgo eram dois anciões apaixonados. O caminho foi pavimentado através do compartilhamento das angústias mútuas, quando tia Lucrécia ficou sabendo que Taumaturgo havia perdido, no espaço de pouco mais de um ano, a mãe, a esposa e a filha, nesta ordem, e esta última por conta de uma doença de Chagas contraída numa de suas missões médicas pela Amazônia. A doença castigou a filha, que sofreu até o último minuto, quando enfim se deu por vencida. Então, para ele, cuidar dos negócios era uma maneira de cuidar de si. O foco no trabalho o tirava do pensamento em suas perdas, e aos poucos seu espírito se regenerava. Tia Lucrécia, ao contrário, não tinha mais esperanças que isso fosse lhe acontecer na vida. Havia engordado um pouco nos últimos tempos, deixara de pintar o cabelo há anos porque fazê-lo, conforme pensava, tirava da feira para colocar na cabeça, e aos poucos tornou-se uma mulher sem vaidades. Mas ao que parecia, era justamente do que seu Taumaturgo gostava.

Como era de se supor de um homem da envergadura e correção do seu Taumaturgo, casaram-se, discretamente como pedia a situação de dois velhos se enlaçando na curva final da vida e com tantas perdas recentes pelo caminho, numa cerimônia para poucas pessoas — nenhuma ligada diretamente à família de nenhum dos dois — em comunhão total de bens. Sessentão e bem-disposto, Taumaturgo tinha certeza de que encontrara uma excelente esposa. Estava tão bem que até fora autorizado pelo médico a diminuir a quantidade de remédios que tomava todos os dias, e tia Lucrécia sabia que, se não fosse com ele, certamente não seria com mais ninguém.

A partir daí iniciou-se um período da mais enlevada bonança na vida de tia Lucrécia, que abriu uma conta no Facebook especialmente para postar fotos dos lugares onde jantava e as cidades para onde ia. Era a sua forma de vingança. Não comentava nada nas postagens de ninguém, não dava uma só curtida, mas pelo número crescente de familiares e não familiares a adicioná-la, estavam todos muito interessados na nova vida de tia Lucrécia. Eu mesmo cheguei a tê-la por lá para bisbilhotar a "ascensão social", por assim dizer, que ela tivera desde que encontrara Taumaturgo.

Toda essa fausta vida parecia que ia se perpetuar para sempre — o que, aliado às postagens quase diárias no Facebook, ia alimentando a inveja dos familiares. Até que um dia, numa dessas reviravoltas que só uma existência humana é capaz de dar, tia Lucrécia pediu ao seu motorista para levá-la do sítio que tinham numa serra a um médico na capital — Nada de mais, assegurou ao marido, só uns exames de rotina pra quem já passou da garantia. Na verdade, ele já sabia desses exames. Não havia nada que não dissessem um ao outro. No caminho, o pneu estourou e o carro capotou várias vezes. Porém, mais uma vez ela pôde contar com a sorte: o motorista não sofreu praticamente nada, e conseguiu pegar seu celular e ligar para o serviço de socorro por helicóptero. Além disso, já estavam bem perto da capital, de modo que ela conseguiu ser atendida rapidamente.

Os dias que se seguiram foram da mais absoluta agonia para seu Taumaturgo. Para ele, a possibilidade de perder mais uma mulher da sua vida era algo inconcebível e injusto. Em nenhum momento, porém, jogou sua ira em entidades divinas.

A situação de tia Lucrécia, em coma mas bem assistida no que talvez fosse o melhor hospital possível, foi o que os urubus esperavam para voar para cima do seu Taumaturgo. Fragilizado e abatido, ele deixou que todos os parentes da esposa que quisessem se aproximar o fizessem. Chegou ao ponto de fazer da casa dele um verdadeiro QG, onde os que tivessem interesse poderiam fazer uma vigília em oração, enquanto aguardavam notícias de possíveis melhorias. Com a possibilidade de verem parte do dinheiro do seu Taumaturgo caindo em suas contas, muitos parentes permaneceram por perto fingindo preocupações e cuidados como se sempre tivessem sido chegados à tia Lucrécia, mas sem conseguirem disfarçar o olhar sonso e desconfiado de quem tem suas próprias motivações. E ela, coitada, ignorava aquela expectativa pela sua morte dentro de sua própria casa.

Mas minha tia era mesmo resiliente. Quase quarenta dias depois do acidente e de duas cirurgias de grandes proporções — uma delas para a retirada de um coágulo na cabeça —, tia Lucrécia começou a dar sinais de que resistiria. Quando ela acordou do coma, o médico chamou seu Taumaturgo e disse a ele que apesar da gravidade, ela iria se reabilitar completamente, mediante o uso de alguns remédios por uns tempos e muitas sessões de fisioterapia. Com a notícia, as aves de rapina que haviam habitado sua casa durante vários daqueles dias voltaram todas para os seus próprios galhos: já tinham bebido e comido de graça dias a fio, além de terem bisbilhotado o que podiam da vida de tia Lucrécia e seu Taumaturgo.

Tia Lucrécia voltou para casa numa tarde de sexta-feira, e foi recebida por seu Taumaturgo como se estivesse dando entrada num paraíso em terra — como a dizê-la que o outro ainda iria se demorar, e era bom que fosse assim. E dessa forma se passaram oito, dez, doze anos, até que um dia, durante uma caminhada pelos roseirais do jardim do sítio onde costumavam passar alguns meses por ano, Taumaturgo sentiu uma dor no peito e sua boca se esguelhou num ricto.Ele ainda conseguiu chamar por tia Lucrécia, num grito esganiçado. Mas quando ela se aproximou, viu que ele já estava morto.

Começou aí o terceiro momento da vida de tia Lucrécia. Antes uma senhora caminhando para uma existência infeliz, viúva do próprio filho, salvara-se através do sequestro e do casamento, e agora voltara a ser uma mulher só. Mas se antes ela vivia de um triste salário mínimo fazendo merenda para um bando de pré-adolescentes insuportáveis num colégio público, ela era agora uma viúva que conhecera coisas boas da vida, aprendera a ter gostos e a se vestir de maneira refinada, e o melhor: tinha muito mais dinheiro do que precisava. Mais até do que ela imaginara.

O problema é que ela não tinha propensão alguma para os negócios, que sempre foram regiamente geridos pelo "Tatá". Aliás, vocativo este com o qual passou a se referir a ele abertamente após a sua morte, inclusive na internet. Conscientemente ou não, tia Lucrécia trazia à tona um tratamento carinhoso que certamente tinham um com o outro na intimidade, como forma de dizer para quem quer que fosse que o homem estava morto, mas não morrera com ele o afeto que tinha pelo marido, nem os seus valores. Com isso, jogava para longe aqueles que acreditavam que veriam em tia Lucrécia a mesma mulher perdida depois que o filho se suicidara.

Além do mais, ela soube agir rápido. Quando notou que alguns personagens da sua família estavam querendo se candidatar ao cargo nas empresas que antes pertencera ao "Tatá", ela contratou uma pessoa de fora da família, além de um advogado para fazer o inventário do que tinham, para ela decidir o que manter e o que vender. Como ela era a única herdeira de tudo, estava no seu querer tomar estas decisões, e ela as tomou com mão de ferro e segurança jurídica.

Fez a opção de ficar com muito pouco. Vendeu os terrenos que tinham e todos os imóveis, exceto dois pequenos apartamentos, que mantinha alugados. O restante, foi-se tudo — uma casa na capital, outra na cidade em que o marido nascera, uma casa em Lisboa e uma pequena quitinete que vivia fechada — e decidiu ir morar no sítio que tinham na serra. Os irmãos tentaram demovê-la da ideia. Mas Lucrécia, viver justamente onde seu marido morreu!, dizia um. Lá é tão afastado, minha irmã, você também já chegou aos setenta. E se sentir alguma coisa? Para tudo isso, ela tinha uma resposta. Não havia problema algum em morar lá, que era o lugar favorito do Tatá. E os tempos eram outros. Se se sentisse mal, já existia um bom hospital na cidade serrana.

Tia Lucrécia passou então a uma vida quase enclausurada. Cancelou sua conta no Facebook e disse que a partir dali viveria uma vida mais voltada para si e para seus interesses — literatura, jardinagem, música. Tinha muito o que fazer da vida ainda, e não precisava estar rodeada de gente para ser feliz.

A ausência de notícias aliada ao fim da única possibilidade que tinham de ter informações sobre a tia até bem pouco tempo antes — pela internet — fez com que algumas das pessoas da família começassem a se indagar a respeito do nível de lucidez de tia Lucrécia.

Sem aviso prévio, uma das irmãs mais novas, Luciana, subiu a serra até a casa da irmã e foi falar com ela. Sugeriu que ela saísse mais de casa, ela não queria tanto fazer uma peregrinação por Israel? Disse muito bem, respondeu Lucrécia. Queria, não quero mais. Se eu ainda for a algum lugar nesta vida é para a Turquia.

E aos quase 75 anos, minha tia e sua irmã quase vinte anos mais nova, saíram do Brasil e se enfiaram em três aviões até chegar a Ankara. Passaram quase um mês visitando templos, mercados, praias, reservas de fauna e, claro, flora, e consta ainda que ela tentou convencer uma menina de pouco mais de 15 anos a sair da vida de prostituição. Isso sem falar qualquer outro idioma além do português. Mas parece que a menina compreendeu o recado, embora tenha dado as costas e ido embora, com um sorriso triste.

Tia Lucrécia voltou da viagem com ainda mais disposição, e a sensação que se tinha na família é que ela iria enterrar todos antes de ela mesma se despedir da vida. Alguns diziam que, para quem havia passado o que ela passara, "Tia Lucrécia estava durando demais", o que denotava um receio de que ninguém iria ver dinheiro nenhum vindo da tia, pelo simples fato de que a mulher não morria.

Apesar da renovação de suas energias vitais, tia Lucrécia cumpriu o que disse, e voltou a dedicar-se ao que fazia antes da viagem. Uma vez por semana pedia ao motorista que a levasse até uma entidade onde fazia trabalhos voluntários, voltava para casa e por lá ficava, cuidando de suas rosas e de seus jardins, lendo tudo o que não pudera ler antes — o prazer da leitura havia sido uma descoberta tardia —, escrevendo cartas e guardando-as em uma gaveta e pintando quadros que ia pendurando nas paredes de um quarto grande que estava desocupado.

Nunca se soube ao certo o que deflagrou a derrocada tão súbita de tia Lucrécia, se era uma questão da idade ou se fora ainda efeito do fatídico acidente de anos atrás, mas um dia, ela ligou para a irmã Luciana, que parecia ser aquela de quem ela mais gostava, desde os tempos da gravidez até a viagem para a Tailândia, e soltou a pergunta que dali em diante deixaria a família de antenas ligadas, Qual é o dia do meu aniversário? Do outro lado da linha, a irmã não riu. Nem cogitou que fosse brincadeira. Deu à irmã a resposta, serenamente, como quem lhe entrega flores. E correu para a casa da serra.

Chegando lá, encontrou uma irmã tão lúcida e bem-disposta que por dois segundos se questionou sobre ter ou não recebido um trote. Mas ao ouvir da irmã que ela estava sentindo uma forte dor de cabeça, resolver dar o passo seguinte e descer a serra em busca de um médico, o que elas fizeram, ainda que com as costumeiras objeções de tia Lucrécia. Tentando acalmar os ânimos, tia Luciana dizia coisas como, Não se preocupe, você não vai morrer. Ao que ela respondia, Nós já nascemos mortos, minha filha. Mas para a tristeza de muitos, eu não vou agora mesmo não. Sou da linhagem dos que chegam a mais de cem, quer apostar?

Ela estava quase certa. Poucos dias depois, foi a própria tia Luciana quem morreu, dormindo. A essa altura, os irmãos já compreendiam que tia Lucrécia não tinha mais muita condição de gerir nada, nem a si mesma. Porém, quando foram investigar o que seria das empresas da irmã, descobriram que ela já havia vendido todos os negócios, sem exceção. Mantinha consigo um único e leal funcionário: o motorista. Irados, sabe lá Deus por qual razão, já que o dinheiro nunca fora deles, os irmãos consideraram levar tia Lucrécia para um abrigo de idosos numa cidade perto dali e que era bastante respeitável, mas em reunião acharam melhor não. Quando ela morresse, poderiam existir suspeitas de interesses financeiros, e isso poderia complicar a vida daqueles que queriam colocar logo as mãos fosse lá no que ela tivesse para repartir, ou seja, praticamente todos. Decidiram por contratar uma enfermeira 24 horas por dia, e os irmãos ficavam se revezando na casa da serra. A animosidade entre os irmãos era claramente perceptível, e quando se encontravam, faziam questão de alegar esse ou aquele serviço prestado, como forma de deixar claro o direito que tinham ao seu quinhão da herança que estava por vir.

Tia Lucrécia não lia mais, comia pouco, e nos momentos de lucidez, colocava numa vitrola que trouxeram de uma viagem à Europa os discos que o marido tanto gostava de ouvir. Nos últimos meses também tinha dado para tomar uísque com gelo. Depois, deitava numa rede na varanda e dormia a tarde inteira.

Foi justamente num dia assim, ao som de Charles Aznavour, que tia Lucrécia, ao tentar erguer-se sozinha, enroscou uma das pernas na rede e caiu de rosto no chão. A mulher que havia escapado de um carro capotando a mais de 100 km/h não escapou de uma cabeça estatelada de encontro ao solo.

Era chegada a hora do reencontro.

Os irmãos, sobrinhos e toda a parentada que achavam que tinham algum direito se reuniram na casa onde ela fora mais feliz com seu Taumaturgo. Queriam inventariar os objetos e organizar papéis. No meio deles, encontraram as cartas que tia Lucrécia vinha escrevendo. Numa delas, endereçada a todos os irmãos e deixada aparentemente de propósito em cima de todas as outras, ela dizia que não adiantava pressa, porque tudo o que um dia pertencera a ela já estava doado, e que inclusive a casa onde eles certamente agora estavam não era mais dela — ela morava na casa de favor, havia doado sua última propriedade ainda em vida, com a condição de só desocupá-la por ocasião de sua morte. Disse ainda na carta, num tom claramente zombeteiro, Mas vocês podem ficar com tudo aquilo que está dentro dela: mesas e cadeiras antigas, geladeira e fogão com mais de vinte anos de uso, todos os meus livros, que vocês devem estar ansiosos para ler, os quadros que eu pintei, que devem estar valendo uma fortuna em qualquer casa de leilões, fiquem com tudo, repartam igualitariamente entre si; não quero imaginar que estão brigando por cima do meu cadáver, hein?

Num outro trecho, mais adiante, ela contava um segredo de família. Dizia que o filho dela na verdade não era dela. Quando soube de sua gravidez, Luciana havia corrido ao seu encontro para revelar que também estava grávida. E sabia que o pai a expulsaria de casa se soubesse que carregava dentro de si uma criança, ainda mais não tendo marido nem condição alguma de criá-la à vista. Lucrécia bolou um plano imediato. Disse que, já que não iria ter o apoio do pai de seu filho, que havia sumido, arregimentaria Luciana para cuidar dela nesse período. A ideia era tentar provocar um aborto em Luciana, mas o que ocorreu foi que Lucrécia perdeu o próprio filho, espontaneamente. Após o aborto, Lucrécia continuou a circular pela cidade com uma barriga que conseguiram criar para usar debaixo de suas roupas, nas suas rápidas saídas para comprar algo no mercado, enquanto a barriga de Luciana continuava a crescer. No momento certo, elas conseguiram fazer o parto, e tia Lucrécia criou o filho da irmã como se fosse seu. Num ato claro de altruísmo, aguentou todos aqueles anos a convivência com as piadas mudas da família, dos vizinhos e demais cidadãos locais, enquanto Luciana vivia a própria vida.

Todos ouviam o irmão mais velho, Miguel, ler a carta, estupefatos. Se há minutos antes todos estavam estarrecidos com o rancor de tia Lucrécia, agora estavam compadecidos por saberem que ela havia suportado tanto, inclusive muitas vezes anulando suas próprias opiniões e vontades, para viver a vida que escolhera, que era ser mãe. Pairava na sala um misto de raiva e perplexidade.

Tio Miguel terminou a carta e olhou para todos os presentes, um a um. Os olhares se cruzavam, doloridos. Como se já soubesse da opinião de todos, ele ergueu as duas mãos até a altura do peito, segurando os papéis das cartas, e rasgou-a em diversos pedaços. Depois foi até o fogão à lenha, que estava aceso preparando o almoço, e jogou todos os pedaços em meio às brasas vermelhas.

Nunca tivemos mesmo direito a nada. As doações haviam sido feitas muitos anos antes, quando questionar sua capacidade de julgamento estava fora de cogitação. Assim, o desejo de todos havia sido frustrado de maneira retumbante. Até mesmo eu, que sonhava em poder receber ao menos o suficiente para encomendar uns charutos cubanos, tive que me resignar em não fumá-los. Os familiares, todos, voltaram a viver suas vidas, mais ou menos medíocres. Não se questionou a carta de tia Lucrécia, nem sua revelação. Tia Luciana também estava morta, e ninguém desejou chafurdar em restos de corpos há tanto tempo enterrados. Com que fim?

Tia Lucrécia havia ido embora levando junto o seu mistério.

Glorinha, de olhos abertos

Acordei de madrugada ouvindo minha mãe chorar, saí da cama em silêncio e fui tentar ouvir do corredor o que se passava no quarto dos meus pais. Ela dizia a ele que não queria outro filho, que só eu bastava. Meu pai parecia estar sentado ao lado dela, a confortá-la. Foi quando ele perguntou, Nem mesmo se for a filha com quem você tanto sonhou?, que eu soube que não havia sido tão desejado assim. Pelo menos não pela minha mãe. Ela não disse nada, mas depois de um tempo pigarreou e falou, É, se fosse uma menina acho que eu ficaria mais conformada. Mas não quero passar novamente pelo que passei.

Eu tinha quatro anos na época mas já tinha ouvido histórias de que a gravidez da minha mãe havia sido bem complicada, e que por mais de uma vez ela chegou bem perto de me perder. Quando eu fazia alguma traquinagem que deixava minha mãe possessa, alguém dava um jeito de trazer novamente essa informação à tona. Geralmente, uma tia ou uma das empregadas se aproximava e dizia, Não faça isso com a sua mãe, você não sabe o quanto foi difícil para ela lhe segurar para que você viesse ao mundo, ou alguma bobajada melosa desse tipo. Mas eu tinha pena dela e me aquietava. Isso até ouvir o que ouvi naquela madrugada. Depois daquilo, já no dia seguinte eu aprontei como nunca. Apanhei como nunca também, mas eu não me importei. Meu negócio era deixar minha mãe com raiva e isso eu sabia fazer bem.

E de fato, minha mãe estava mesmo esperando uma menina. Para surpresa dos meus próprios pais, os nove meses se passaram sem percalços e minha irmã, que se chamaria Glória, estava muito bem. Naqueles nove meses, eu também mudei. Talvez ver minha mãe carregando minha futura irmã, aliado ao fato de ouvir tantas conversas sobre seus vários quase abortos quando era eu dentro dela, fizeram com que eu a importunasse menos.

No dia do parto, com tudo preparado para eu e meu pai irmos ver o nascimento dela, minha mãe sentiu dores muito fortes e desmaiou. Ninguém entendeu de onde vinha aquilo, já que tudo estava indo tão bem. Rapidamente alguém, acho que um primo mais velho ou um tio, pegou a mochila que eu levaria para o hospital com uma mão, e com a outra, fui arrastado para a casa da minha avó. Acho que aquele foi o primeiro e último escândalo que dei. Lembro que fui o caminho inteiro dentro do carro aos berros, pedindo socorro e batendo nos vidros. A cena foi tão calamitosa que eu tive que ser segurado à força e os demais vidros do carro tiveram de ser fechados para evitar que alguém ouvisse aquilo e chamasse a polícia. Nada me demovia da ideia de que eu precisava estar ao lado da minha mãe, como se eu tivesse a certeza de que a veria pela última vez.

Era só drama. Logo depois do nascimento da Glorinha pediram a ela que me ligasse para avisar que estava tudo bem. Eu só acreditaria se ouvisse a voz dela. Mesmo assim, continuei com a sensação de que tinha algo errado, porque ninguém foi me buscar na casa da minha avó. Me perguntei se eles haviam me trocado pela minha irmã e eu passaria a viver com minha vó pra sempre, já quase penalizado pela Glorinha, que talvez fosse ter o mesmo destino quando tivesse a minha idade. Quando eu disse isso para minha avó, vi um pequeno sorriso brotar num semblante de tristeza, e foi aí que eu soube que para ela, que por toda a vida tivera o riso solto, esticar os músculos da face num sorriso estava sendo um enorme esforço.

Quase uma semana depois fui levado de volta para casa. Vou conhecer a Glorinha?, perguntei para o meu pai. Hoje não, meu filho. Ela ainda está no hospital com a sua mãe. Mas elas voltarão para casa amanhã. Como eu já tinha falado com a minha mãe, tudo bem. Mas à noite, meu pai foi até o meu quarto e me contou tudo. Que minha irmãzinha tinha nascido dormindo. Ela estava bem de saúde, mas ainda não tinha acordado. E que quando ela chegasse com a minha mãe, que eu me comportasse, porque eles estavam enfrentando uma grande barra. Pediu mais de uma vez para que eu fosse um menino bonzinho, que eu não aprontasse nada para tirar minha mãe do sério. Obedeci como nunca antes na vida.

Quando elas chegaram no dia seguinte, o quarto de Glorinha já havia sido todo preparado para receber uma bebê na situação que ela se encontrava. Os meses foram se passando, e nada da minha irmã acordar. Eu ia para o lado dela no berço e via o peitinho subindo e descendo, subindo e descendo. Mas mais do que isso, nada. Cansei de ver meus pais chorando, abraçados.

Como forma de reanimá-los, uma amiga da minha mãe mandou fazer um monte de adesivos com os dizeres "#AcordaGlorinha". Na mesma semana saiu uma matéria no jornal local sobre o que tinha acontecido, e na seguinte, na televisão. Todo mundo queria um adesivo de "#Acorda-Glorinha" para colocar no vidro do carro como forma de entrar no time dos que torciam pela minha irmã. Passamos a ver tantos carros com o adesivo que meus pais voltaram a ficar animados, com energia para lutar ainda por muitos anos se fosse preciso. Ao menos foi isso que os ouvi dizer. O sono profundo da minha irmã era o assunto da internet e das redes sociais. Minha mãe, que tinha tantas amigas e amigos, mobilizaram todos os meios possíveis para que o assunto não fosse esquecido. O nome da minha irmã era proferido em missas, cultos, praças.

Para mim, era esquisito viver todos os dias com a presença de uma irmã que jamais abrira os olhos para me ver. Ainda assim, meus pais tentavam, de todas as formas, fazer com que ela fosse parte da minha vida de uma maneira real. Mas isso era impossível, porque ela continuava no quarto, praticamente imóvel e respirando por aparelhos. Em muitos dos dias, quem abria a porta da casa para que os médicos e fisioterapeutas entrassem era eu. Acabei me tornando um menino introspectivo e melancólico. A solução foi me levarem a um psicólogo, que recomendou o óbvio, como se tivesse tirado a receita de um livro do Augusto Cury: ele precisa se socializar com crianças da idade dele.

A partir daí, eu voltei a ser quem eu era. Glória foi crescendo à minha revelia, à revelia do tempo, e eu continuava brincando nas ruas, judiando dos gatos, jogando sal em cima dos sapos, colocando tachinhas nos pneus dos carros estacionados nas ruas por perto de onde eu morava. Pra tudo isso, meus pais faziam que não viam ou sabiam; achavam que lidar com as consequências de possíveis futuros problemas era melhor do que arruinar a cabeça do próprio filho. E àquela altura, com os altos custos do tratamento que mantinha minha irmã respirando, um problema a menos significava um pouco de paz. Glória era mantida através da ajuda de amigos e de anônimos, gente que se mobilizava pela internet e depositava dinheiro na conta que existia para esse fim.

Quando eu fiz nove anos, Glorinha tinha quatro. E foi exatamente com a idade que eu tinha quando ela nasceu, que ela acordou. Minha mãe não acreditava naquilo. A menina olhava para o teto, olhava para a mãe, para mim, pra todo mundo, com uma cara vazia que ninguém sabia de fato o que ela estava enxergando. Mas os médicos disseram que ela via tudo, sim. E que precisaria agora era de um tratamento psicomotor para ir conseguindo, aos poucos, se situar no mundo. Antes disso, porém, precisavam se certificar de que os aparelhos que a mantinham viva poderiam ser retirados. Eu não queria nem saber. Fui pra rua comemorar. Peguei uma bombinha rasga-lata, procurei um sapo, acendi a bombinha e joguei dentro da boca dele. O sapo fez *bum!* e se espatifou em dezenas de pedaços pelo ar. Era eu sendo eu de novo, olhando os meus fogos de artifício.

Minha comemoração durou pouco. A verdade é que tendo passado a existir para o mundo somente aos quatro anos, eu tinha uma irmã mongoloide. Uma menina que não falava, não segurava o olhar em ninguém, não andava.

Era como se, ao acordar, minha irmã tivesse deixado de ser gente para ser um lagarto. Com um corpo grande e mais autônomo, Glória rastejava pela casa utilizando-se de suas perninhas, inevitavelmente atrofiadas devido ao tempo que passou deitada na mesma posição. Mas eram pernas valentes. Não era raro ouvir da minha mãe, Menino, cuidado pra não pisar na sua irmã! E quando eu olhava, ela estava no chão, impulsionando o próprio corpo com aquelas pernas tortas, laceradas e cada vez mais cheias de manchas, indo de um canto para outro da casa. Se alguém dissesse algo a ela, Glorinha respondia com um urro que podia demorar vários segundos e enchia a boca dela de uma baba que escorria pelos cantos dos lábios até o pescoço e melava tudo. Quando tivemos que demitir uma das empregadas, fui eu quem passou a pegar um pano de chão pra limpar a sujeira que ela fazia.

Passei a evitar ao máximo ficar em casa. Quando a noite chegava, eu comia o que tinha na hora da janta e corria para a rua brincar. Foi nessa época, aos dez anos, que passei a observar toda a turma da rua. Eles nunca imaginaram, mas enquanto pulavam, corriam, gritavam, eu acompanhava cada movimento, contemplando a sinuosidade de seus corpos, o ir e vir das pernas, os braços esticados e dedos apontados. Dentro de mim, fazia reverberar o som de cada palavra perfeitamente articulada que eles diziam, sentia neles o suor de gente que podia correr e brincar, ou a forma como se esfregavam aos risos debaixo do chuveiro no quintal da casa de um dos meninos, depois das horas de diversão. Quando era hora de voltar pra casa, observava em mim tudo o que admirava neles e pensava comigo mesmo, Eu também posso fazer tudo isso. Minha irmã, não. No entanto, ela havia sido mais desejada. Eu não conseguia evitar um sentimento de alegria se adensando em mim todas as vezes que o pensamento me passava pela cabeça. Sentia como se fosse uma vingança perpetrada pela complexa mistura de genes, que escolhera me salvar e punir a Glória, que viera ao mundo não sei para quê. Ser um estorvo, talvez. Comecei a viver minha vida como se ela não existisse. Entendi que era uma forma de lidar com a frustração de ter esperado tanto por essa irmã e ela ter surgido para ser quase como um ser etéreo, uma assombração. Poucos dias depois, meu pai veio ter nova conversa comigo. Que era bom a Glorinha se socializar, ouvir minha voz com mais frequência, que eu deveria interagir mais com ela. Eu disse não para tudo, porque naquele tempo eu gostava era de bagunça, tocar a campainha das casas e sair correndo. Mas tive uma ideia. Sugeri que todas as vezes que eu fosse brincar na calçada, colocassem a Glorinha perto do tapete, por trás da grade que dava para a rua. Assim, ela podia ficar olhando a gente brincar, ia me ver e me ouvir até enjoar.

Deu certo. Por alguma razão, minha voz e minha presença exerciam um fascínio na menina, que se acostumou a chorar naquele misto de urro e som gutural todas as vezes que eu ia para a rua. Era o sinal de que ela queria ir para junto da porta. Com o passar do tempo, meus pais se esqueciam dela e ficavam dentro de casa, como se o fato de eu estar por perto fosse protegê-la. Só que eu brincava como se ela não existisse. Se quisesse me ver e me ouvir, ótimo. Eu que não ia ficar afagando uma menina toda suja e babada.

Quando as festas juninas chegaram, era novamente tempo dos traques, das bombinhas, dos balões que a gente colocava no ar fazendo um foguinho por baixo. Eu tinha juntado vários meses de mesada esperando por aquela época. Quebrei meu porquinho e fui na mercearia da dona Benedita, que vendia tudo isso para o monte de crianças que queriam rir e fazer barulho até dar a hora de ir pra casa escovar os dentes e dormir.

Já era quase hora de entrarmos mas ainda tínhamos uma pilha de bombinhas. Eu e Mardem, um dos meninos que sempre brincavam comigo, decidimos que era melhor gastar aquilo tudo porque se chegássemos em casa com aquela quantidade de bagulho era capaz que nossos pais apreendessem nossos brinquedos juninos e ainda fossem reclamar lá na venda da dona Benedita. Se o juizado de menor batesse por lá e descobrisse que ela vendia aquele tanto de coisa inflamável para meninos de dez anos, adeus. Resolvemos pegar umas latas e garrafas, colocar as bombinhas dentro e jogar nos telhados das casas, sair correndo e ouvir o estampido das explosões de longe.

Antes, porém, começamos soltando umas no meio da rua. Até hoje não sei bem como tudo se sucedeu. Talvez o barulho e a luz amarela incandescente do pavio antes de chegar à pólvora tenham desengatilhado os fatos. Do que me lembro, eu acendi umas seis ou sete bombinhas e saí de perto para ver as explosões em cadeia. Quando me dei conta, Glorinha havia aberto o portão, e com suas pernas tenazes, correu naquele jeito tosco dela, meio se rastejando, em direção a elas, como se fosse em busca da chama da vida, causando raladuras e lacerações nas pernas em contato com o calçamento da rua. Antes que minhas pernas pudessem fazer qualquer movimento, Glorinha segurava duas bombinhas nas mãos. De onde eu estava, vi seus dedos voando, como se a mão estourasse. A outra bombinha estourou perto do pescoço, e o buraco que se abriu fez com que ela fosse impactada para trás e caísse perto de onde eu estava, bem aos meus pés.

Glória foi levada para um hospital às pressas. Os gemidos que ouvíamos dentro do carro foram se reduzindo até serem completamente silenciados. Ela estava novamente dormindo.

Havia voltado à estaca zero, a ser o que sempre fora. Melhor assim.

Método de sobrevivência

Sempre ouvi falar que casamento e desejo não costumam andar juntos. Antigamente, romântico, eu costumava dizer, Não comigo. Quando eu casar, quero é ver meu desejo acabar.

O meu, de fato, não acabou, mas o da minha mulher foi para as cucuias lá pelo quarto ano em que dividíamos o mesmo espaço. Eu disse a ela, Qual o problema, Suzana? Você não me deseja mais?, e ela me dava todo tipo de desculpa. No começo era porque o quarto não tinha cortinas, e ela não se concentrava direito com a luminosidade que vinha de fora, da rua, através das imensas janelas. Depois era porque andava muito cansada, estressada, mesmo. Acordava muito cedo e ia dormir muito tarde, como é que podia ter vontade de trepar? Eu disse a ela que se ela quisesse podia diminuir a carga horária de trabalho dela pra chegar em casa mais cedo que eu segurava a onda, não teria problema algum em pagar uma conta ou outra a mais. Recebi de volta um coice, Você está querendo me humilhar porque eu pago as contas mais sem valor dentro dessa casa. E agora você quer tirar até minha pífia contribuição? Pra quê que eu vou me submeter a isso? Pra depois você esfregar na minha cara? Eu suspirei fundo, disse que realmente chegar em casa todo dia depois das dez era muito tarde pra quem tinha que acordar tão cedo, e que era apenas uma maneira de melhorar a qualidade do tempo que passávamos juntos.

Suzana era professora delivery de física, química e matemática, todas essas merdas que a gente se vê obrigado a estudar na escola com zero utilidade na vida prática e das quais os moleques filhos de papai tinham pavor, e por isso ela vivia sempre cheia de trabalho.

Quanto a mim, tenho um consultório onde atendo minhas pacientes cinco dias por semana, e duas vezes por mês dou plantão num hospital não muito longe da minha casa. Também levo uma vida bastante atarefada, mas chego em casa antes de Suzana todos os dias.

Foi por essa época que ela me deu de presente *O professor do desejo*, do Philip Roth. Toma, lê isso aí. Você vai me entender. Eu li o diabo do livro, que basicamente conta a história de um homem que vive uma vida sexual e emocionalmente errante, até que se casa num momento de insensatez e a vida dele vira um purgante. Ele mais pra frente se torna professor universitário e só quer saber de comer todas as menininhas que aparecem e, no fundo, de viver sua vida sem limites. Quando terminei a leitura, fui pesquisar sobre o autor. Encontrei Suzana na cama, vendo TV. Joguei o livro do lado dela, Toma essa merda. Esse escritor é um doente. Ele praticamente escreveu sobre a própria vida, como uma maneira de se justificar. Medíocre.

Dois meses depois tivemos de ir ao casamento da filha de uma amiga da Suzana, que não eram muito amigos meus, mas eu andava precisando de uma mudança de ambiente e resolvi ir também; além do mais, eu havia sido convidado, e Suzana iria abrir o inferno em nossa casa se eu inventasse uma desculpa. Troquei meu plantão com um colega e me mandei com ela.

Para minha surpresa, acordei de noite com minha mulher lambendo a minha orelha e se esfregando nas minhas costas. Eu estava sem sexo há tanto tempo que achei que era alguma espécie de delírio causado pela secura. Mesmo cansado da viagem, já acordei de pau duro. Trepamos como nos velhos tempos, dormimos, pela manhã trepamos novamente, e nos dois dias em que estivemos fora por conta da viagem, fechada a porta do quarto do hotel, antes de dormir, nos divertíamos como dois adolescentes. Entrei no avião de volta para casa cheio de esperança.

Mas ela morreu assim que desfizemos as malas. Dei um dia de descanso a Suzana, mas quando a procurei na noite seguinte, tínhamos uma novidade. Dessa vez, eram os pelos dos nossos gatos, que entupiam o seu nariz e ela ficava com a garganta ressecada e dor de cabeça. Coloquei minha cabeça no travesseiro e fui dormir, determinado a falar para a diarista no dia seguinte que ela deveria limpar nosso quarto como se fosse um hotel cinco estrelas. Eu queria era ver se Suzana ia voltar a reclamar. À noite, lá fui eu cutucar a Suzana. Eu sabia que ela estava acordada porque não fazia nem quinze minutos que eu a tinha visto lendo um livro toda espalhada entre as almofadas e lençóis, mas ela se fingiu de morta.

De madrugada, o telefone da Suzana tocou. Pensei que podia se tratar de algum dos seus alunos adolescentes mais ousados, aquilo já tinha acontecido outras vezes e ela os colocava em seus devidos lugares. Mas não. Ela foi avisada que a mãe dela, que morava há mais de dois mil quilômetros de nós, tinha sido internada na UTI em estado grave após levar uma queda dentro de casa. Suzana olhou pra mim ainda com o telefone na orelha e disse, Amor, por favor, venha comigo. Eu preciso me despedir de mamãe. Jogamos algumas peças de roupa dentro de uma só mala e fomos para o aeroporto pegar o primeiro avião que fosse para a Bahia.

Quando chegamos lá, encontramos a mãe dela sentada na calçada, tricotando, com a tranquilidade só atingida por aqueles que se sabem imortais. Mas que porra é essa?, disse exasperado, olhando para a Suzana. Mamãe, recebemos uma ligação avisando que a senhora não estava nada bem. Ela sorriu e disse, Devem ter lhe passado um trote. Suzana me pegou pelo braço e me arrastou, Bom, amor, já que estamos aqui, vamos aproveitar a cidade, certo? Você já cancelou o consultório mesmo... O que diabos temos pra fazer nesse interior no fim do mundo? Vou ligar agora mesmo para a minha secretária e dizer para ela manter as consultas. Dois segundos depois, porém, repensei. Quem sabe à noite, no hotel...

Foi como imaginei. Suzana se entregou novamente com a alegria de uma Lolita e a pouca inocência de uma Bruna Surfistinha. Mas eu já tinha entendido tudo: Você inventou essa história da sua mãe pra poder viajar, não foi? Ela não negou. Roberto, eu só te desejo quando viajamos. Mas naquele apartamento, com aqueles gatos, somos apenas irmãos.

Não pude acreditar, mas foi o que aconteceu. De volta, eu e Suzana parecíamos mesmo dois irmãos, ou pior, dois estudantes dividindo as contas de um imóvel.

Aguentei as manias de Suzana durante alguns meses mais. Só que eu nunca gostei muito de viajar, e aquela loucura de fazer tudo às pressas, sempre com um ar de fuga por trás, como se estivéssemos indo acudir alguém numa emergência — já que ela não parava de bolar motivos absurdos para fazermos as viagens, e eu tinha que entrar na insanidade dela para fazer dar certo a segunda parte do plano, em geral consumada à noite — me cansou. Suzana tem parte de culpa nisso. Com tantas viagens, autorizei minha secretária a marcar quase que o dobro de consultas por dia, e por consequência, o espaço de tempo entre elas ficou menor. Exausto das viagens e vendo mais bucetas na minha frente todos os dias, cheguei ao final de mais um ano esgotado, depois de meses tendo que trepar não só fora, como também muito, *muito* longe de casa. Toda tentativa de fuder Suzana na nossa cama davam em nada. Foi então que tomei a decisão. Se era pra rodar o Brasil e países vizinhos pra que minha mulher me desejasse, era muito melhor fuder as inúmeras mulheres que davam em cima de mim por aqui mesmo. Além da diversidade, eu nunca mais teria a obrigação de viajar se quisesse simplesmente jogar para fora — ou para dentro, dependendo do ponto de vista — as minhas necessidades biológicas. Nas últimas viagens, além do sexo ela andava gastando tempo fazendo compras, como pude comprovar pelo dinheiro que vinha desaparecendo da nossa conta conjunta. Chega, eu disse a mim mesmo. Se ela quisesse torrar dinheiro, que fosse arranjar outra coisa pra fazer, minha paciência tinha se esgotado.

Estou solteiro há vários meses. Toda semana como pelo menos uma das minhas pacientes. Passei a utilizar minha cama, finalmente. E o melhor: não tenho plano algum de retirar minhas malas do lugar onde estão.

Philip Roth se tornou desde então o meu escritor favorito.

Grande e duro

A primeira coisa que passou pela cabeça de Mariana quando seu carro atingiu e matou a mulher que atravessava a rua numa esquina foi, Ainda bem que estou sozinha. No mesmo pensamento-reflexo, desses que, ao lembrarmos depois, nos sentimos mal por termos tido, mas aceitamos que os tenhamos, também disse para si, E é uma pobretona que vive na rua. Saiu do carro apenas porque o corpo da mulher havia ficado sobre o capô, não dava pra dirigir daquele jeito. Arrastou-a para o asfalto, abriu a porta traseira e depositou a mulher ali dentro como quem esconde numa gaveta um papel secreto: olhando para os lados, temerosa de que uma testemunha colocasse todo o seu plano a perder. Que plano?, riu-se consigo mesma do pensamento absurdo, já que não tinha um. Afinal, não saíra de casa planejando matar ninguém, embora às vezes desejasse. Não foram poucas as vezes em que, indo de um lugar a outro num domingo pela manhã, hábito que tinha porque nunca conseguira dormir até muito tarde, perguntou-se se alguém daria pela falta de um pedinte pelo meio das ruas. Em alguns dias, sentia-se tentada. Bastava ter a certeza de que o mendigo em questão estivesse realmente morto. Duvido que alguém se importe e que a polícia gaste muitas horas tentando encontrar o culpado, pensava sempre que a ideia lhe ocorria. Mas agora que o fato finalmente aconteceu, era preciso agir para não ser amarrada pelos grilhões da justiça, o que causaria um rebuliço sem precedentes na sua vida. E muito do desnecessário, por sinal, assinalou mentalmente.

Com a mulher devidamente longe das vistas de quem quer que estivesse para além do veículo, Mariana fez uma vistoria rápida e notou que seu carro quase não havia sofrido danos. Sorte sua ter um carro blindado. Sorte não, porque custou uma grana que deveria ter sido colocada na conta do governo, que não faz nada pela violência, também conseguiu dizer a si mesma naqueles poucos minutos após o acidente. Em seguida: se algo do corpo dela ficou por ali, certamente estava no asfalto, não na lataria. Também passou por sua cabeça que era uma sorte ter um carro preto; tinha como mandar lavar alguma eventual sujeira sem que desconfiassem. Olhou para a mulher pelo retrovisor interno do carro. Deve estar morta, pensou. O cheiro de pele machucada, sangue, corpo arrastado pelo asfalto, empestava o carro, mas era importante manter os vidros levantados — o fumê não deixaria ninguém ver o que se passava ali dentro. Do banco de trás, nenhum gemido. Está morta, sentenciou. Deve ter morrido no exato instante do impacto daquele corpo, que era só um fiapo, sobre o seu carro. Só agora ela via que a mulher era pequena. Quando o veículo bateu nela, Mariana só conseguiu enxergar um volume grande e duro do que lhe pareceu ser uma daquelas enormes peças de gado abatido levadas para as câmaras de açougues, onde seriam retalhadas para a venda. A imagem era inevitável. Foi justamente fazendo negócios com carne que sua família conseguiu tudo o que tinha. Na infância, era conhecida como "a filha do açougueiro", o que não era nem verdade, uma vez que seu pai sequer era dono de açougue, mas sim de muitas fazendas e abatedouros. Ela ria dos colegas, porque assim lhe ensinara a mãe. E além do mais, era a filha do açougueiro que ia para a Disney e para Paris ano sim e ano também, e não aquele bando de comedores de cachorro-quente de cantina de colégio. Sua mãe nunca fora de fazer muitas concessões com quem queria diminuir sua família. Mariana lembrava, hoje com um sorriso no rosto, da enorme arruaça causada por sua mãe na escola, quando foi até lá para apertar a orelha de um colega de sala da filha que havia gritado para ela e para o motorista da família — que ia pegá-la todos os dias —, Lá vão o boi e a bezerra! Mariana olhou rapidamente para trás apenas para saber quem havia soltado a frase e foi embora; sabia que, ao contar para a mãe, poderia deixar nas mãos dela que ela tomaria conta do caso. O que ela não tinha como ter imaginado é que a reação da mãe seria a de ir apertar a orelha do garoto com a ponta das unhas. A questão só se resolveu mais de uma semana depois, quando o menino foi transferido para outra escola, decisão tomada pela direção, sem dúvida com um "auxílio" de sua mãe.

Mariana se virou e viu no bolso lateral do jeans que a mulher portava um documento, agora quase escapando. Puxou-o e viu que era um cartão do bolsa-família. Emanuella qualquer coisa, leu. Ficou alguns segundos sem reação. Aquele era o nome da própria filha, uma menina de dezesseis anos para a qual, se pensasse bem, tinha muitos elogios e poucas críticas, apesar das camisinhas que encontrava constantemente por dentro das roupas em suas gavetas. Preferia calar-se ao confronto, no entanto. Não seria hipócrita, porque ela também começara cedo. E se a menina se precavia, que mal tinha? Mas isso ela já tinha certo dentro de si. O que pensou ao ver o nome da filha no cartão do benefício foi, Desde quando se tornou moda essa gentalha colocar nome chique nas suas crias? Anos 90, talvez? Pelo menos nunca deixei ninguém chamar minha filha de Manu, coisa de farofeiro botar apelido em filho. E tirava a coleira dos cachorros quando ouvia alguém chamando a filha por Manu ou qualquer outro epíteto.

Presa em pensamentos outros, somente alguns quilômetros depois se deu conta de que estava dirigindo em direção ao jardim botânico onde ia pedalar, como fazia todos os domingos; grande parte deles com o marido e a filha, que agora dera para achar que estava engordando e resolvera pedalar com a mãe como uma forma de diminuir a culpa por comer tanto doce durante a semana. Eu já disse a você, minha filha. Pedalar durante duas horas uma vez por semana não adianta de nada. Mesmo assim, a menina ia, ainda que dissesse todas as semanas, Precisa mesmo ser tão cedo? Eu gosto de sair quando a avalanche de pessoas está chegando, Emanuella. Chegar lá às seis é o ideal. E como ela não se dignificasse a fazer exercício algum sem alguém a pegando pelo braço, cedia ao que julgava ser uma esquisitice da mãe.

No dia em que atropelou e matou Emanuella, porém, o marido disse que tinha dormido mal à noite, e a filha tinha acabado de chegar de alguma farrinha com as amigas. Deixou-os exatamente onde estavam, pegou a bicicleta e a acoplou à traseira do seu utilitário, entrou, viu no relógio interno que faltava apenas vinte minutos para as seis e acelerou para o jardim, até que a mulher, indo sabe-se lá para onde àquela hora num domingo, resolveu aparecer do nada, bem em cima do seu veículo. Parece mesmo que tem gente que acorda com o destino de morrer, pensou, enquanto dava a volta pelo parque para se decidir aonde levaria o cadáver da mulher. Era preciso ser rápida, porque mesmo num domingo, o movimento aumentava com o surgimento do sol.

Mariana dirigiu a esmo por quase uma hora. Foi a lugares que desconhecia, bairros mais afastados, até que encontrou uma região com poucas casas e muitos terrenos baldios. Adentrou por um pequeno caminho com o carro, encostou-o e depositou o corpo rapidamente num terreno inclinado, repleto de cajueiros e forrado de folhas secas. Saiu de lá sem ser vista.

Seu dilema agora era outro: lavar o carro num lava-jato ou estacionar o veículo na frente da sua casa e lavá-lo ela mesma? Havia o risco dos filhos acharem aquilo tudo muito esquisito, porque sabiam que Mariana não era de cuidar do próprio automóvel, e depois, se algo acontecesse, a imagem da mãe tentando apagar vestígios ficaria marcada neles para sempre.

Resolveu ir a um supermercado, comprou estopa, um pano para limpeza e um produto que prometia remover qualquer resquício de sujeira; em seguida dirigiu até encontrar uma casa com a placa de "aluga-se", estacionou na frente dela, retirou a placa e fez a limpeza como se fosse a dona da casa. Para todos os efeitos, a mulher suspeita moraria numa casa que, na verdade, estava para ser alugada. Mergulhou no trabalho de limpar toda a parte traseira do veículo, deixando qualquer coisa de imperceptível para quando saísse dali e fosse até o lava-jato concluir o serviço.

Chegou em casa pouco depois do horário de costume, e quem a recebeu foi o filho mais novo, Norvaldo, a quem ela chamava de Valdo porque tinha verdadeira ojeriza ao nome completo do filho, que fora uma imposição paterna. Onde já se viu um nome desses numa criança, Lucas? Esse menino vai crescer traumatizado. Não importa. Era o nome do meu avô e quero homenageá-lo. Ele que deu início a tudo o que temos. Não foi você quem escolheu o nome da Emanuella e bateu o pé por ele? Pois agora eu faço o mesmo, e fique feliz.

Mariana não ficou. Assim como havia ocorrido com a filha mais velha há três anos, também teve depressão pós-parto pouco tempo depois do nascimento de Norvaldo. Só aceitava amamentar os filhos sentada numa cadeira de balanço colocada num quarto completamente escuro, onde não podia ver os bebês. Depois de algumas semanas, não topava nem mesmo mais isso. Lucas procurava meios de fazer com que as crianças não morressem, mas não deixava de sair às sextas-feiras, quase sempre com amigos diferentes, sem dizer muito bem para onde iria. Exausta e sentindo-se adoecida, Mariana tolerava o comportamento do marido porque se sentia incapaz de mover-se em direção a outra realidade.

A verdade é que nunca amara Lucas, filho do homem que salvou os negócios da família da falência. Mariana já estava perto dos vinte e seis anos quando foram apresentados, e os pais fizeram todo o possível para que se quisessem maritalmente. Seus planos não poderiam estar mais longe do que os de casar-se, mas um acidente que a fez perder uma das vistas desarranjou-lhe os planos de ser solta pelo mundo. Sentia-se fragilizada e incapaz de viver sozinha, como se aos vinte e sete anos dependesse de muletas.

O casamento, porém, fez com que ela se encontrasse novamente. Embora nunca tivesse sido realmente feliz dentro dele, a estabilidade que o dinheiro com a pecuária trazia para si e para o marido e, no fim das contas, ver a si mesmos e seus filhos envelhecendo davam a Mariana uma sensação de que cumpria seu destino na vida. Começou a exercitar seu corpo e logo mais nem parecia que sua visão era monocular. Encontrou prazer nos esportes que praticava, exercia seu papel de mãe e esposa, e estava conversada com o tempo.

Mas como não se sabe que tipo de demônio faz hora extra na cabeça de ninguém, de tempos em tempos, Mariana surtava. Saía de casa, abandonava marido e filhos, e ia pelas ruas gritando que se era de ser sozinha, não queria a companhia compulsória de quem quer que fosse. No fundo, sempre quisera ser só, e depois que obrigou-se a ser junto e reencontrou em si a mulher que se bastava, achava que agora era tarde demais para largar seus suportes, como se de muletas eles houvessem se transformado em tanques de oxigênio, e girar o mecanismo que mantinha o gás fluindo era vital para que não morresse. Nem matasse. E era então que ela, ao não conseguir lidar com a extrema vontade de correr nua pelos descaminhos da vida e a culpa por ser esposa e mãe, entrava num conflito que sua mente não suportava. Quando isso acontecia, Mariana se transformava em outras, todas muito mais indecorosas e indomináveis. Era besta solta, e tentar capturá-la seria um risco. Risco este que Lucas nunca se predispusera a correr. Conhecia a mulher bem o suficiente para saber que uma hora ela voltava, como fizera todas as vezes. Além do mais, que mal fazia terem uma folguinha um do outro de vez em quando? Não que ela soubesse de sua boca, mas Lucas só fazia agradecer. Pelo menos podia ir aos seus encontros sem ver caras de chateação e desconfiança. Nada é mais doloroso do que não haver toque diante da possibilidade de sua existência. Estar sozinho a dois é uma narrativa não acabada, um livro que, podendo ser escrito, não se escreveu, e Mariana e Lucas sabiam disso. Na verdade, nenhum deles sentia qualquer necessidade de escrever uma história mais substancial a dois, e por isso sabiam que não viviam juntos, mas em paralelo.

Aconteceu alguma coisa?, perguntou Valdo assim que a viu. Ela olhou rapidamente nos seus olhos, mas mudou o olhar para lugar nenhum, como fazia todas as vezes quando se tratava dos filhos ou do marido. Como é que mesmo sem se conhecerem, o menino parecia enxergá-la tanto? Nada. Estou cansada, hoje foi puxado, só isso.

Foi para o quarto, onde se isolou durante todo o domingo. A visão do nome da mulher no cartão do bolsa-família não saía de sua cabeça. Mas era preciso seguir adiante, disse ela a si mesma.

E foi seguindo o próprio conselho que Mariana ouviu da filha no dia seguinte, enquanto voltavam do colégio, Esse carro precisa ser melhor cuidado. Tá parecendo que mataram um porco aqui. Antes que ela pudesse dizer qualquer coisa sobre os costumeiros comentários ácidos da filha, Valdo, ao lado da irmã, concordou com um simples, É mesmo. Mariana limitou-se a olhar para os filhos pelo retrovisor pendurado ao seu lado direito, e disse, Pois cuidem dele vocês, já que o utilizam tanto. Seguiu o resto do trajeto calada.

Em casa, não conseguiu evitar o pensamento dando pancadas em seu juízo que, se os meninos já sentiam algum cheiro estranho um dia depois do acontecido, a tendência era piorar se algo não fosse feito. Passou a tarde procurando nos jornais alguma notícia sobre terem encontrado o corpo da mulher. Nada. Era uma ninguém, mesmo, pensou.

Algumas semanas depois, no entanto, Pedro Batista, que acabara de sair de uma casa onde havia ido consertar um encanamento e, por querer economizar o dinheiro do ônibus, havia se decidido a ir a pé para casa, não aguentou esperar e entrou num terreno para mijar. Foi adentrando no meio das folhas secas, até não perceber o desnível do piso e descobrir, por acaso, o que restava de Emanuella sob os tapurus.

Nada chegou até Mariana. Mas o barulho da mídia especializada nos jornais, na televisão e nos comentários de rádio e da internet fizeram com que ela se afundasse cada vez mais. Se antes ia duas vezes por semana nas empresas junto com o marido, passou a ficar em casa todo o tempo, como se aguardando ser presa. O marido chegava em casa e já nem falava mais com ela, e os filhos começaram a achar que a mãe estava enlouquecendo.

Mariana já quase não comia, e quando as férias chegaram e passou a conviver mais com os filhos, todas as vezes que alguém dizia o nome da filha, ela soltava um pequeno grito, ou ia para o quarto chorar em segredo. Foi nesse período que a filha resolveu se aproximar mais da mãe, que a rejeitou peremptoriamente. Eu não quero falar a respeito, dizia. Saia daqui. E Emanuella seguia o seu caminho de viva-morta dentro de casa, junto com o irmão. A casa onde moravam tornava-se claramente um lugar sombrio, onde planta nenhuma florescia e o lodo se acumulava no fundo da piscina.

Quando as aulas retornaram, Mariana não conseguia olhar mais para a filha. Vê-la era lembrar-se de seu nome e associá-lo ao crime, do fato de que nunca quisera aquela filha e principalmente, que dos dois fatos envolvendo as duas Emanuellas, ela só se arrependia de ter colocado uma no mundo.

Que culpa era aquela que permitia a fuga do pensamento de empatia em relação ao outro? No momento em que começou a acreditar que tinha algum problema psíquico, vendeu o carro por um preço irrisório e passou a caminhar aos domingos pela vizinhança onde havia atropelado Emanuella, dona de um cartão do bolsa-família para sempre inutilizado. Não sabia o que queria encontrar, nem mesmo se queria, mas ia. Ia aos domingos, ia às segundas, e mais tarde passou a ir quase todos os dias, até que quase dois meses depois, aproximou-se de um morador e puxou do bolso o cartão. Disse que o encontrou por ali, e perguntou se conheciam uma tal de Emanuella... Olhou para o cartão virando um pouco a cabeça para melhorar a vista do olho que enxergava, Alves. Emanuella Alves. Uma pessoa se juntou a outra, e a outra, até que alguém disse, Mas é a filha do Alfredo pintor, num é não? A que mataram. Mariana fechou os olhos por dois segundos. Sabia que se desconfiassem, se alguém perguntasse qualquer coisa, ela diria, diria tudo, se entregaria de vez. Viu as muitas pessoas se aproximando dela. A algazarra feita por aquelas pessoas humildes, que evidentemente entendiam que ela não pertencia àquele lugar. Olhavam-na de cima a baixo, tentavam entender. Perguntem, Mariana pedia mentalmente. Por favor, perguntem se eu sei quem é essa mulher. Digam alguma coisa, me acusem! Digam que sou criminosa, que sou uma mãe filha da puta, que eu preciso ser enjaulada, me chamem de assassina! Enquanto Mariana era atormentada pelos pensamentos, o cartão sujo e desgastado passava de mão em mão. Ela girava o pescoço para enxergar tudo ao seu redor, algo nela pedia para que enxergasse tudo à sua volta: o barulho das pessoas, o movimento dos corpos, a forma como olhavam para ela. Girou o corpo devagar. Queria ver — *precisava* ver — com o olho bom que ainda tinha — todos aqueles corpos. Sentia-se atordoada com tudo, como se fosse uma presa encurralada, sufocada por ratos que se aproximavam para arrancar-lhe partes do corpo.

Bastava uma simples pergunta ou acusação; ela estava disposta a contar tudo. Só queria sair daquela existência de merda de ser mãe-esposa-criminosa. Uma só pergunta. Então, gritou, Me façam a pergunta! Por favor, digam o que quero ouvir, digam! O burburinho cessou. Olharam para ela, e ela esperou.

Mariana soube, enfim, o que fora fazer ali.

Mas a pergunta não veio. A pergunta não veio nunca.

Santinha

Uma coisa que eu sempre respeitei foi a solidão. A minha e a dos outros. Gostava de ser e estar sozinha, e sempre exigi que aqueles ao meu redor aceitassem. Por mais que gostasse de estar perto dos meus amigos, me retirar por uns dias para ficar comigo mesma era essencial pra mim. Claro que sempre apareciam os imbecis pra me chamar de "excêntrica", "esquisitona", "bicho-do-mato" e o que mais desse na cabeça deles. Eu me lixava.

Um dia saí com umas amigas pra um bar onde tinha uma banda tocando música sertaneja, gênero musical do qual nem gosto, mas fui lá por elas e pra beber, eu adoro beber. Tomei várias pra aguentar aquela choradeira ao microfone, mas foi quando já estava vendo tudo mais iluminado que reparei no cara ao teclado. Num intervalo em que o vocalista saiu para beber ou comer alguma coisa, me aproximei dele e falei, Vocês tocam atendendo a pedido ou só o que já tiverem ensaiado? Ele pegou na minha mão e disse, Aqui eu toco tudo. E beijou minha mão como se eu tivesse pretensões monárquicas. Escrevi uma música qualquer no papel e embaixo escrevi meu nome e telefone.

Quando o vocalista voltou, o tecladista pediu a ele para executarem a música que eu havia pedido. E ele ainda cometeu a cafonice de oferecer a música a mim antes de começar a cantá-la. Fiz de conta que nem era comigo. Quando o show terminou, apareci de volta lá na frente: era preciso ser rápida, só Deus sabe quem mais teria visto aquele homem.

Soube que ele estava apaixonado no outro dia à tarde, quando ele me ligou já me chamando de "minha santinha", por causa do meu nome, Alice Santana. Como ele havia passado a noite comigo e eu não falara mais em número de telefone, receber a ligação dele foi um claro sinal de interesse, desde o início. Começamos a sair juntos, e pouco tempo depois eu que já estava louca por ele. Tudo era minha santinha isso, minha santinha aquilo, mas mesmo de saco cheio, eu deixava. Quando tive dimensão do quanto eu o queria por perto, falei, Anselmo, se você quiser continuar comigo, vai ter que sair dessa banda mequetrefe, parar com esses showzinhos e fazer outra coisa da vida. Não era um aviso, era uma ameaça. Você endoidou? Alice, eu adoro estar com você, mas assim não dá. E terminou o namoro ali mesmo.

Ele deve ter tido alguma saudade muito alucinada de mim — ou dos jogos que tínhamos, quando ele me amarrava na cama, me algemava nas portas, e entrava em mim com um gosto doce na boca, ou o contrário, quando então eu batia na cara dele, cuspia, e ele quase gozava só de apanhar e ser humilhado. Era bom que ele soubesse que de santinha eu só tinha esse apelido ridículo que ele me dera — porque me ligou de novo menos de 24 horas depois. Tentou explicar que era dali que vinha o sustento dele, que era como ele pagava as contas. Eu disse a ele que arranjaria outro trabalho pra ele fazer, um em que ele não fosse assediado por ninguém e que de preferência trabalhasse só com homens. Tive vontade de dizer, Além do mais, qualquer coisa que eu arranjar pra você com certeza é melhor que esse seu trabalho de *tecladista* de bar e churrascaria. Mas fiquei calada porque ele poderia se sentir irremediavelmente humilhado.

Da solidão essencial eu passara a ser uma ciumenta contumaz. Era esse o tamanho da minha falta.

Consegui um emprego pra ele no escritório do meu pai, e ele saiu definitivamente desse universo de shows noturnos e mulheres. Na mesma semana fomos morar juntos. Quer dizer, ele veio morar comigo e Morgana, uma gata que vivia comigo há quase oito anos. A vida sexual ia bem, até que começou a esfriar. Algum tempo depois disso, ele começou a demorar demais pra chegar em casa. Eu ligava pro escritório e me diziam que ele tinha saído há bastante tempo; mesmo assim, três horas depois, nada de Anselmo. Eu tomava umas duas cervejas e quando ele entrava em casa eu apontava o gargalo da garrafa pro pescoço dele, Onde era que você estava, Anselmo? Onde, onde? Ele dizia que tinha ido caminhar, precisava espairecer a cabeça. Espairecer por quê? O que é que está acontecendo? E ele calado.

Resolvi contratar um detetive. Parece coisa divina, eu saí pra comprar um pão e vi o telefone dele num panfleto pregado num poste. Ele me prometeu resultados em uma semana. Nos encontramos na praça de alimentação de um shopping na periferia, onde não tinha perigo de eu ser vista por ninguém. Assim que sentamos, foi logo dizendo,

Lamento informar, mas seu marido anda saindo com uma loira depois do expediente. Eu me levantei, fulminada. Ele continuou, Se a senhora me contratar por mais uma semana, trago fotos e filmagens com comprovações que podem ser utilizadas num eventual pedido de divórcio. Fui para casa, vi que ainda tinha bastante cerveja e tomei todas. Quando terminei a última, já decidida a matar o Anselmo, quebrei a garrafa na beira da pia e fiquei segurando o gargalo. Nisso veio a Morgana miando, querendo saber que barulho tinha sido aquele. Olhei para o escorredor e peguei uma faca de ponta da Tramontina. Morgana se aproximou um pouco mais, e antes que eu pudesse pensar, perfurei-a uma única vez na altura das costelas. Morgana caiu no chão, o sangue escorrendo pelo buraco que eu tinha feito, um miado longo, choroso, parecia estar tentando entender o que havia acontecido. Os olhinhos negros dela iam ficando vidrados, enquanto seu pelo ia se empapando em sangue.

Demorou demais pra morrer, é melhor o gargalo mesmo, pensei. Fiquei perto da porta. Assim que ouvi Anselmo girar a chave na fechadura, dei-lhe um corte na garganta. Ele escorregou no próprio sangue e caiu no chão, a poucos metros do cadáver da Morgana. Lavei minha mão na pia do banheiro e, após conferir que ele também estava morto, peguei um mototáxi na esquina e fui para a casa de uma grande amiga de infância, para quem contei tudo. Ela disse que ia me ajudar. Descobrimos, nesse meio tempo, que o detetive não tinha prova nenhuma contra Anselmo. Ele aparecia para o cliente dizendo o que tinha visto como uma forma de receber mais uma semana de honorários, quando costumava desaparecer. Anselmo estava se encontrando com os membros da sua ex-banda. Estava planejando se separar de mim e voltar a tocar com eles. Babaca é bom mesmo quando está morto.

Dois dias depois a polícia entrou no apartamento da minha amiga e me levou. Ainda a ouvi dizer, Tá louca de achar que eu ia ficar nessa como cúmplice?

Me trouxeram para um desses hospitais que são depósitos de anormais. O juiz determinou que eu preciso ser avaliada para saber se vou ser presa num presídio comum ou se fico nesse manicômio aqui mesmo.

A todo momento escuto vozes, homens e mulheres berrando nos quartos e nos corredores desse lugar, mas não vejo ninguém. Aliás aqui, por mais que se grite, é um verdadeiro deserto. Voltei a ser só, mais uma vez. Como todos.

Curral

Até hoje me custa entender quando ouço alguém dizer que tempos bons eram os da infância, que tem saudade do seu tempo de criança, numa nostalgia que francamente, pra mim, não faz o menor sentido. Quer dizer, eu entendo que ser adulto traz responsabilidades que lascam com a vida da gente. Fico olhando para a vida que eu e muitos dos meus amigos levamos e quando vejo a correria desesperada pra ganhar dinheiro e pagar as contas, acho é graça quando assisto na TV os cientistas dizendo que em breve o ser humano vai chegar fácil, fácil aos 120 anos. Como é que isso vai acontecer, se tá todo mundo adoecendo antes dos 60, tão preocupados que estamos com a violência, a política, em ganhar mais do que se gasta? Tem horas que a ciência me parece ser feita por um bando de piadistas pagos para dizerem certas coisas como forma de levar algum otimismo a uma humanidade que acredita cada vez menos em si mesma.

Ainda assim, nada me faz querer voltar aos dias em que meus pais eram os que tinham voz de comando e, portanto, os que ditavam as regras. Os únicos momentos em que eu conseguia escapar dos Matheus, traz a toalha! Matheus, pega ali minha chinela, Matheus, fica aí pastorando o leite no fogão pra não derramar!, e ai de você se você deixar o leite ferver demais e sujar tudo, hein? (E olhe que já tinham me visto jogar um pintinho amarelo dentro do leite fervendo!) eram quando eu ia pra escola. Acontece que as horas que eu saía de casa para ficar no colégio equivaliam a se ver livre de um pardieiro para cair noutro. Saudades desse tempo? Nenhuma. Quando uma pessoa vai se apoderando da certeza de que já está com a corda no pescoço mas tem ainda um curto tempo pra olhar pra trás antes do fim, e se dá conta de tudo que deu errado na vida, pode perguntar: a resposta pra o que deu errado está lá no começo de tudo, entre o bico do peito da mãe e os primeiros olhares para os bicos dos peitos das garotas do colégio ou das empregadas ou, no caso das meninas, no surgimento dos próprios. É nesse espaço de tempo que se resume o que vai ser de toda uma existência. Passar inevitavelmente pela infância é ter a certeza de que ninguém chega à vida adulta sem antes se ver obrigado se enfiar em muita merda.

E é na escola que a maior parte delas acontecem.

Eu fui um menino grandalhão pra minha idade, tanto na altura quanto no peso. Até um certo tempo, ser maior que todo mundo na turma conferia a mim um ar respeitável que não era outra coisa senão o medo que tinham de apanhar. Eu notava isso na cara de todos, desde os meninos das séries anteriores aos de anos pelos quais eu ainda ia ter de passar. Mas é claro que falavam de mim pelas costas. A começar por eu não dar cabimento a ninguém, sempre fui um cara quieto, na minha, de semblante fechado. Os comentários abundavam, lógico. Eu fazia que não sabia de nada, a cautela precisava ser uma constante. Era melhor isso a ter que bater em alguém desnecessariamente, ou a me indispor com um dos meus próprios colegas. Tanto uma coisa quanto outra aconteciam de vez em quando — era preciso manter o meu lugar, se eu não fizesse isso, logo mais viria alguém pra querer zoar comigo e tomar meu posto no topo da pirâmide do respeito. Agir como era esperado de mim nunca foi minha verdadeira vocação. Minha introspecção nada mais era do que a impossibilidade de mostrar minha gigantesca sensibilidade. Para eu não me tornar uma das minhas próprias vítimas, andava sempre reunido com minha turma, pensando em formas de tirar a paciência de professores e alunos, tocando o terror.

Naquele tempo, todo mundo tinha um apelido, e o meu era Hellmann's por dois motivos: o primeiro é que tinha saído uma propaganda na TV que mostrava um menino gordinho se lambuzando todo com a tal maionese, enquanto mordia com voracidade um enorme hambúrguer. E o pior é que ele era mesmo a minha cara. Outros tinham apelidos de tudo o que cercava nossa vida naqueles tempos: tinha o Pega-varetas, o Tamagotchi, o Playmobil (no qual eu já tinha dado umas porradas), o Lango-lango, porque usava aqueles aparelhos cervicais que deixam a pessoa parecendo um monstro, sem poder nem mexer a cabeça direito, a Susi Patinadora, a Barbie (sonho de consumo da maioria dos meninos), o Gargamel (que era a cara do avô dele, um velhinho com cara de mau que vinha buscá-lo todos os dias), e por aí vai. Desenhos animados, comidas, lançamentos da Estrela, filmes que passavam na Sessão da Tarde — tudo acabava sendo associado a um de nós na escola.

No ano que eu reprovei, o saco de pancadas era justamente o Lango-lango, que além de usar o tal colete ainda era um pobre coitado sem mãe e criado por uma tia solteirona que só pisava no colégio pra reclamar que os professores tinham marcação com ele e faziam chacota pelo seu — temporário, segundo ela — defeito físico. Daqui a um ano ele vai ficar bom. E aí eu quero ver. Se continuarem a encher o saco do Ronaldo, eu processo todo mundo!, ameaçava. Uma mulher à frente do seu tempo, pode-se dizer, porque quando eu era criança raramente se ouvia falar em gente ameaçando os outros com processo na justiça — algo que, hoje eu sei, tornou-se corriqueiro.

Só que nem precisava de tudo isso, porque Ronaldo tinha uma protetora confessa, a professora de redação, Rosália. Era só alguém *olhar* pro Ronaldo que ela esticava logo o braço em direção à porta da sala, obrigando o infeliz a fazer um passeio pela sala da diretora. Isso foi o céu e o inferno para ele, porque apesar de protegê-lo, ele se retraiu ainda mais no mundinho dele pra não cruzar o olhar com ninguém, ver a professora expulsando de sala e, claro, dali a poucos dias, ele ser surrado por algum de nós. A coisa pra ele só não era pior porque a gente só tinha uma aula da Rosália por semana.

Então, no final daquele ano, eu tomei bomba. Meus pais ainda foram ao colégio, ver se não havia outra forma de resolver a questão — uma outra prova de recuperação, talvez? Mas não teve jeito. Era regra da escola que só alunos de comportamento exemplar poderiam ter um último socorro cogitado, e meus pais sabiam que depois de ser acusado de colocar xixi de cachorro no ar-condicionado, cortar o cabelo de duas meninas, colocar fogo na lixeira do segundo andar e bater em colegas, era melhor aceitar a minha reprovação, já que nenhum outro colégio me receberia. E eles não queriam me colocar em escola pública, porque um primo meu tinha ido pra uma depois que o pai dele morreu e a mãe ficou sem dinheiro pra pagar mensalidade e dois anos depois ele estava afundado nas drogas. Eles se cagavam de medo que eu seguisse os rumos do meu primo.

Para minha surpresa, quando o semestre letivo começou, outros dois colegas da minha turma, o Esqueleto e o Zeca Urubu, também haviam sido reprovados. E eu digo surpresa porque eles dois eram conhecidos como exímios na arte de pegar cola dos colegas de sala. Ou davam cola ou apanhavam na hora do recreio, risco que ninguém queria correr. Eu, talvez pelo meu tamanho e pouca desenvoltura, tentei uma única vez e fui descoberto de cara. Aprendi a esconder fórmulas de física e matemática em papeizinhos minúsculos, mas pegar dos outros, só se aparecesse bem em cima da minha prova por obra do divino.

Logo no primeiro dia de aula, a gente esbarrou com o Lango-lango durante o recreio. Depois de quase quatro anos, e ainda que não achássemos que isso um dia fosse ser possível, ele estava se sustentando sozinho, sem auxílio de nada nas costas. Parece que por causa disso ele estava se sentindo um valentão, e resolveu rir apontando descaradamente pra nós três. As quatro meninas que estavam com ele começaram a rir também. Eu fiz menção de apertar o passo, já com o punho erguido, quando Esqueleto segurou no meu ombro e disse, Deixa ele, Hellman's, que eu tenho uma ideia melhor.

A semana seguinte era de provas, e foi aí que o Esqueleto, sempre o mais maquiavélico de nós três, resolveu colocar o plano dele em prática.

As provas eram aplicadas à tarde, num esquema que permitia aos alunos fazerem a prova e irem embora. Quando o Lango-lango ia saindo, o Zeca Urubu, que mal tinha assinado o nome e aguardado o tempo mínimo pra devolver a prova já foi logo se retirando da sala, ficou lá fora de tocaia e chegou junto dele no exato instante em que ele dobrava a esquina. Ei, Ronaldo, quero falar com você! O menino se virou para trás e disse, Eu não tenho nada pra lhe dizer, preciso ir pra casa pra estudar pras provas de amanhã. Calma, rapaz! Eu só quero conversar... Tá pensando que porque agora está um ano na frente a gente não pode falar de igual pra igual? Ronaldo ficou calado. Vamos voltar pro colégio, está ficando tarde e aqui pode ser perigoso.

Eu não sei se foi aí que o Ronaldo caiu na armadilha ou se o Zeca já tinha mostrado a ele o estilete que vinha carregando. A maior parte dos alunos já havia entregado as provas e ido pra casa ou estavam na frente do portão esperando os pais, de modo que o colégio estava quase vazio. Zeca foi conduzindo Ronaldo para o banheiro do segundo andar — àquela hora sem mais ninguém à vista — como se nada de mais estivesse acontecendo. A escola ia lentamente se preparando para ser fechada.

Quando eu e o Esqueleto entramos no banheiro, Lango-lango estava dando uma excelente demonstração de que sua coluna não tinha mais defeito algum: ajoelhado no chão, ele chupava o pau do Zeca, que o segurava pelo cabelo. Com força, mas sem brutalidade, ele mostrou para o Lango-lango quem havia chegado e ordenou, Você vai chupar eles dois também. Tá pensando que aquela sua humilhação vai passar em branco? Antes que ele gritasse pedindo socorro, Zeca mostrou a ele o brinquedinho com o qual andava no bolso, e ele voltou obedientemente a fazer o que vinha fazendo, sem demonstrar cansaço. Depois foi a vez do Esqueleto, que apesar da magreza tinha um pau grosso, que o Lango-lango colocou todo dentro da boca. Quando chegou a minha vez eu gozei bem rapidinho dentro da boca dele, e a gente fez ele engolir tudo.

Terminada a brincadeira, Zeca voltou a tomar a voz de comando, Então é o seguinte: você vai esperar na porta, bem caladinho. A gente vai colocar três bombas dentro de cada privada desse banheiro. O Hellmann's aqui disse que quer essas merdas voando pra bater no teto, então é assim que vai ser. Você vai descer calmamente, e amanhã vai assumir a culpa por ter destruído as privadas do banheiro. Mas eu não posso fazer isso, Zeca, gemeu Lango-lango, quase chorando naquela vozinha miúda que ele tinha. Ah, pode não? Pois sua tia vai ficar sabendo que você andou chupando o pau da gente dentro do banheiro até beber toda a nossa porra. Naquele momento, eu vi o Ronaldo mudar de cor. A última coisa que ele queria era que a tia dele achasse que ele era viado. E essa era uma fama que ele, que só vivia andando com meninas, já vinha desenvolvendo dentro da escola.

As bombas estouraram e a gente correu pra uma sala no fundo do outro corredor. Quando o zelador subiu pra ver o que era aquilo, se deparou com o Lango-lango descendo as escadas, e enquanto ele estava no banheiro, descemos, um de cada vez, e fomos embora. No dia seguinte, questionado, Ronaldo confirmou, aos prantos, que tinha sido ele que havia destruído as privadas do banheiro. Não soube dizer por que, só dizia para a diretora que estava com muita, muita raiva. A diretora disse que também estava, e que não acreditava que ele, logo ele, havia feito aquilo. Você tem certeza que não foi obrigado por ninguém a assumir esse ato de vandalismo? Não, respondeu ele, olhando nos olhos da diretora.

Ronaldo, vulgo Lango-lango, foi expulso da escola naquela mesma semana.

A partir daquele momento, eu resolvi me afastar completamente do Zeca e do Esqueleto. Por alguma razão que eu nunca consegui compreender totalmente, tudo aquilo foi demais pra mim. Mudei meu comportamento, resolvi estudar, mesmo sem nunca ter me tornado um grande aluno, e parar com aquelas maluquices. Aos poucos, fomos nos afastando. Ou eu fazia tudo isso ou minha vida ia muito em breve virar um saco de merda, do qual eu já conseguia sentir o cheiro de longe.

Muitos anos se passaram até eu começar a ganhar dinheiro com o tipo de gente que eu fui. Posso estar sendo duro demais com a minha juventude, mas eu sei muito bem o que é ganhar dinheiro defendendo gente que cometeu todo tipo de escrotice. Construí um império com isso. Meu escritório ocupava um quarteirão inteiro e os três andares de um prédio que eu mesmo mandara projetar e erguer e que levava meu nome. Era lá que gente praticamente indefensável ia me procurar todos os dias para ajudá-los a escapar de muita esculhambação, e me pagavam os tubos de dinheiro pra isso. Vinha dando certo.

A verdade é que desde que eu tomara a decisão de ser um cara que ia tomar um jeito na vida, eu o fiz. Minhas únicas ligações com meu passado eram a estirpe de gente que eu defendia e o fato de eu aceitar alguns estagiários vindo de boas faculdades pra trabalhar comigo, desde que fazendo coisas que não comprometessem meu nome nem o da minha equipe de advogados. Eu estava com tempo sobrando no dia que fui devolver um envelope contendo um currículo para o setor de recursos humanos. Geralmente eu pediria para a minha secretária fazê-lo, mas, como eu estava no escritório àquele dia apenas pelo hábito, já que iria viajar dali a poucas horas e antes das minhas viagens eu não me concentro em trabalho, fui eu mesmo. E eu ainda aproveitaria para chamar a atenção de quem tivesse colocado aquele material ali: o que não tem a ver com o meu trabalho nunca deve estar sobre a minha mesa, essa é a orientação e é assim que deve ser para que a orquestra continue a executar a música perfeita.

Mas sr. Carlos, este envelope foi parar lá a pedido do próprio solicitante, que alegou conhecê-lo. Eu abri o envelope. Pela foto, não reconheci. Mas o nome me mandou lembranças. Voltei para a minha sala com o currículo na mão e liguei para o telefone indicado. Combinei com o Ronaldo que ele deveria se encontrar comigo na segunda, quando eu já estaria de volta.

Eu mal acreditava naquele encontro e naquele inesperado — e desesperado, percebo hoje ao olhar para trás — pedido de emprego. Ronaldo havia se separado da segunda mulher, tinha duas filhas e precisava voltar a advogar, porque a pensão era alta. Ele acompanhava minha carreira pelos jornais e decidiu que iria pedir emprego a mim. Falou tudo isso com calma, como se me conhecesse dos fóruns ou tribunais, e não como um cara que algum dia, num momento obscuro da nossa adolescência, fora obrigado — por ordem minha, afinal de contas — a chupar meu pau e beber o que saiu de dentro dele até a última gota. O currículo dele não era tão brilhante, mas notava-se claramente que ele era um cara batalhador. Contratei-o no ato e decidi que ele seria meu assistente direto, o que na prática significava que ele continuaria trabalhando no escritório muito depois que eu saísse. E talvez tenha sido esse meu principal erro.

Por conta dos muitos trabalhos que fazíamos juntos, cansei de sair e deixá-lo lá, sozinho, terminando de finalizar defesas e relatórios. Pela hora que eu via nos registros eletrônicos, Ronaldo às vezes saía do escritório quase duas da manhã.

Na carta que ele deixou de despedida, dizia que nunca conseguira ser feliz com mulher alguma na cama e por isso agora vivia sozinho, que depois daquele fatídico dia no banheiro ele nunca se curou completamente de uma profunda, amarga e, em diversos períodos da sua vida, incapacitante depressão; que todas as vezes que eu saía do escritório, o meu perfume, mesmo que misturado ao suor de um dia de trabalho intenso, o tirava do seu eixo, e que eu deveria carregar por toda a vida o peso de ter destruído a dele.

Ronaldo estava pendurado por uma corda bem na frente do meu computador, onde a carta estava aberta numa tela do Word.

É claro que não foi apenas aquele dia que causou tudo isso. Ronaldo Lango-lango fora vítima de muita gente e por muitos motivos, durante toda a sua vida escolar. Mas é impossível saber que fantasmas são os que assolam as cavernas mais inóspitas de cada um, nem como se consegue lidar com eles.

Pago a pensão das duas filhas do Ronaldo até hoje, e já disse para as suas duas ex-mulheres que o farei até que elas entrem numa faculdade. O que pra ele era muito dinheiro, pra mim não paga nem o que eu coloco de gasolina todo mês no meu avião. Mas, no fim das contas, ele conseguiu de mim o que queria.

A culpa, sempre ela.

Notícias populares

Tinham que sair junto com a chegada da noite, era a ordem da avó. Do que adiantava chegar no ponto e já encontrar outras moças? Moça era jeito de dizer, porque os peitos de Rosalina e de Angelita mal começavam a ganhar o tamanho de limões, que na boca de muitos, vertia mel. Todos os dias, a velha Sula se ajeitava na cadeira de rodas e ia pelo corredor escuro até o quarto das meninas, Bora, bora logo! Acordem, andem! É preciso trazer o das galinhas e dos porcos, vocês acham que eu vivo do quê? E batia nelas com a mesma bengala que usava para se apoiar nos poucos minutos diários em que se punha de pé.

As meninas se levantavam e iam para o quintal, onde os bichos ainda estavam acordando. Era lá que ficava a cisterna de onde tiravam a água para banhá-las antes de irem para a escola. Tomavam banho juntas para ser mais depressa e também porque só tinham um copo de alumínio para retirar a água do balde. A avó ficava do lado de fora, esperando. Era a forma de mantê-las em silêncio. Se vestiam sem olhar para seus corpos e em seguida tomavam o rumo do colégio. Quando chegavam em casa, no começo da tarde, comiam qualquer coisa, pegavam o ônibus e tomavam a direção do bairro do Comércio, àquela hora com as portas das lojas todas fechadas, sua iluminação lúgubre e seus contornos desertos, um convite a habitantes escusos; gente que, vista de fora, carregando seus carrinhos repletos de papelão, garrafas de bebida na mão e passos incertos, pareciam muito bem inseridas no lugar. Ficava cada qual numa esquina. Sabiam que em pouco tempo estariam dentro de carros, sendo levadas para outros lugares, com homens que, salvo raras exceções, nunca haviam visto antes. O combinado é que nunca iriam juntas para o mesmo lugar com o mesmo homem, como uma forma de não caírem juntas em uma cilada. Também diziam aos homens que queriam ser deixadas no mesmo lugar onde foram encontradas. O Corujão passava de volta ali perto até as seis horas da manhã, dava tempo de pegá-lo no caminho de volta.

Só isso? Essa merreca mal dá pra comprar comida pra gente. É preciso vender esses bichos gordos, do contrário, não acho preço bom, dizia. Hoje vocês só vão comer uma vez. E se reclamarem, só entrego os restos do que sobrar do meu prato.

De propósito, Sula ia para a cozinha e fazia algo bem cheiroso, o castigo precisava ser requintado.

A partir de hoje, vocês vão para a avenida da praia. Lá tem turistas, pagam melhor. Façam tudo que eles quiserem, contanto que paguem bem. E tirou do bolso da blusa um papel dobrado contendo uma tabela com novos preços.

Decorem esses preços, disse para as netas. E se me trouxerem menos do que isso aqui, ficam sem comer.

Comida não chegava a ser um problema para Rosalina e Angelita. No começo reticentes, acabavam aceitando o que comer dos clientes, porque sabiam que em casa poderia não ter nada esperando por elas. Percebiam que a maior parte do pouco que tinham ia mesmo para os bichos no terreiro da avó.

Numa das manhãs, Angelita não voltou. Como nenhuma delas tinha celular, Rosalina disse que ia procurar pela irmã nos hospitais da região. A avó disse que ela chegasse a tempo de ir trabalhar, à noite. Rosalina levantou o dedo do meio. Vocês me tratam assim porque eu mal consigo ficar de pé. Se eu não fosse uma inválida, eu mesma cuidaria dos meus bichos e devolveria vocês para o mesmo lixão de onde eu catei. Cretinas. E fez a volta na cadeira de rodas, em direção ao interior da casa.

Angelita foi encontrada semiconsciente num corredor de hospital. Havia sido violentada por um cliente, perdera dois dentes e estava cheia de marcas pelo corpo. Provavelmente precisaria de uma cirurgia.

Rosalina voltou para casa a pé, queria pensar. Quando entrou em casa, carregava um gato no colo. Que porcaria de bicho é esse?, disse a velha Sula, levantando o lampião como para se certificar do que via. Dividi com ele o que arranjei pra comer e ele me seguiu do hospital pra cá. Vou ficar com ele, vovó. Vai coisa nenhuma! Não quero mais uma boca nessa casa. Tire ele daqui, já.

A menina saiu com o bicho na direção do seu quarto. Sula não quis saber do que havia se passado com Angeli-

160

ta, mas supôs que ela não tivesse morrido, uma vez que Rosalina havia chegado feliz com o gato a tiracolo.

Quatro dias depois, Angelita foi levada para casa. Iria precisar ficar de repouso durante várias semanas. Quando a assistente social foi embora, a velha disse apenas, Eu quero saber é quando você vai voltar a ir atrás do nosso sustento de novo. Do jeito que ela está, ela não tem como sair de casa, vó. Pois você se vire e trabalhe pelas duas. Sem dinheiro, ninguém come. Nem eu, nem vocês nem meus porcos e galinhas.

Vencida, Rosalina foi para o quarto, mostrar para a irmã o gatinho Pereba.

Enquanto Angelita ainda estava em casa, mal aguentando caminhar e urinando em pé, Rosalina começou com umas dores pelo corpo que rapidamente se transformaram em febre e tosse. Disse para a avó que não iria ao colégio, muito menos trabalhar à noite. Se meus animais morrerem, eu não vou poupar vocês!, ameaçava.

Mas ainda tinha um jeito.

Foi até um telefone público e fez uma ligação. No dia seguinte, apareceu na casa um homem vestido de branco, que disse que poderia cuidar das duas. A avó o chamou para um canto e cochichou umas palavras. Ele lhe passou algumas cédulas. Na volta, olhou para Rosalina e Angelita, deitadas na mesma cama, Vou deixar vocês aos cuidados da dona Sula aqui, disse, olhando rapidamente para a velha, E em breve, quando vocês estiverem um pouco melhor, nos veremos de novo.

Rosalina teve um mau pressentimento.

Na noite seguinte, Rosalina acordou e viu a velha na entrada da porta do terreiro, sentada na cadeira de rodas bem diante dos degraus, que ela só enfrentava com a bengala, quando tinha que matar um dos bichos pra vender. Teve uma ideia e uma vontade. Falou para a velha Sula ouvir, Eu não estou bem. Quando ela se virou, disse apenas, Mas ou você sai pra trabalhar hoje, ou continuaremos sem ter o que comer. Rosalina não conseguiu dizer mais nada. À noite, vestiu-se como era de costume antes de ficar doente e pegou o primeiro ônibus da noite.

Pela manhã, a avó a recebeu na porta com um sorriso, esperou que ela passasse e trancou a porta. Rosalina foi tomar um banho e em seguida, sentindo falta do animal, correu para o quarto onde estava a irmã. Cadê o Pereba? Angelita permaneceu calada, falando com o olhar. Rosalina gritou pela avó, mas já sabia onde ela estava. A velha observava, apoiada na bengala, uma caótica reunião de porcos e galinhas. Ainda conseguiu enxergar a mandíbula e o rabo do gato na boca de um dos porcos. Outras partes que sobraram estavam sendo beliscadas pelas galinhas.

Me diga por que você fez isso, velha filhadaputa! Por quê? Sula continuou do jeito que estava, observando os animais diante do banquete. A cada passo que Rosalina dava na direção da velha, ela parecia maior e mais disposta à hostilidade. Vamos, me diga!, Rosalina não se deixou intimidar. Sem esboçar reação, a menina tomou a bengala da avó, que tombou no chão implacável. A velha começou a urrar de dor, pedindo ajuda para se levantar. Rosalina juntou as forças que tinha e rolou o corpo da mulher até onde estavam os animais e voltou para dentro de casa.

É preciso sair daqui, Angelita! Eu ainda não consigo caminhar direito. Ainda estou toda inchada. Eu ajudo você. Pegou a irmã, passou os braços dela em volta do seu pescoço e foram juntas caminhando até a porta, devagar.

A porta estava trancada, e ela viu pelas frestas que o portão da frente estava com os quatro cadeados fechados. Angelita olhou para a irmã, resignada. Rosalina sabia o que havia feito. E sabia que, com certeza, as chaves estavam em algum dos bolsos da blusa que a velha usava. Com aqueles animais ensandecidos, não seria capaz de ir no terreiro procurar. Sendo assim, não tinham o que fazer. Ficaram abraçadas até que, sem forças, deitaram no chão frio. Angelita estava tão repleta de dores e com tanta fome que não conseguiria gritar pedindo socorro. Rosalina permaneceu em silêncio, agarrada ao seu desespero. Ela lembrou-se do homem de branco, que disse que voltaria dali a alguns dias. De alguma maneira, seriam encontradas.

No terreiro, o fragor de quem se debate sem sucesso no calor de uma guerra podia ser ouvido.

Seis dias depois, um cheiro nauseabundo invadiu as narinas do homem de branco no instante em que ele bateu palmas diante da porta. Insistiu apenas uma vez e decidiu ir embora, não queria levantar suspeitas. Talvez alguém nas redondezas já o tivesse visto antes. Se conhecessem a velha e o que as meninas faziam, saberiam para o que ele estava ali. Foi embora sem ser visto.

Ele jamais teria notícia dos dois corpos que estavam na parte da frente da casa, nem dos pedaços de um outro, que seriam encontrados dias depois, no quintal.

Na contramão

Como fazia todos os dias, Luís Araújo acordava por volta das quatro da manhã, comia alguma coisa rapidamente, limpava as marcas da comida ao redor da boca, na barba ou no bigode enquanto escovava os dentes, pegava sua carteira velha de guerra (no começo dizia que não tinha tempo para ir comprar outra, depois, conformado, o que afirmava é que gostava dela assim mesmo, surrada) e tirava o carro da garagem de ré, apenas com o cuidado necessário para não atropelar nenhum de seus dois cães, Suzy e Brioca, suas únicas companhias depois que os filhos foram embora. Precisava estar no centro de distribuição antes das cinco, porque os caminhões começavam a abastecer os feirantes quando ainda havia estrelas no céu, e quem ficava por último acabava comprando produtos de menor qualidade. Além disso, se não estivesse com tudo organizado até 7h da manhã, perderia o início das vendas, o que poderia comprometer seriamente seus ganhos mensais, porque outros já estariam por trás dos balcões de suas barracas, gritando para chamar a atenção da freguesia que se aproximava. E sua mãe, uma velhinha de quase noventa anos que morava sozinha, dependia dele, e apenas dele, para pagar seu plano de saúde e a cuidadora, que zelosamente a acompanhava todos os dias.

Luís estacionou a pick-up no lugar de sempre. Em pouco mais de meia hora, seu veículo estava abarrotado. Partiu com o dia já claro, a cidade amanhecendo para a vida. Se pudesse observar quem estava do lado de fora, veria pessoas bocejando ao atravessar ruas, se maquiando dentro dos ônibus, levando os filhos para os colégios, indo para seus locais de trabalho, todos seguindo o destino de cumprir percursos, chegar ao ponto final, atingir suas metas, numa urgência que pouco ou nenhum espaço abria para a contemplação; o que, de qualquer forma, também não era muito do seu feitio.

A dor no peito chegou numa curva, mas veio reta dentro dele. Luís teve tempo de levar a mão direita ao peito, num ato instintivo de autoproteção, como se fazê-lo fosse apaziguar a revolução que ocorria dentro dele, mas não. O que ocorria era um enfeixamento de dores convergindo para o resultado fatal: Luís bateu com força num poste de esquina. A pancada foi de tal violência que o carro ficou atravessado na rua. Abacaxis, tomates, melancias, uvas, maçãs, tudo o que ele havia comprado no centro de distribuição espalhou-se pelo asfalto em grandes montes. As pessoas passavam e olhavam. Queriam ver o estado do corpo, naquela região da cidade, àquele horário, ninguém iria perder tempo catando coisas.

A fila de carros aumentava, os motoristas mais próximos do acidente ainda tentavam organizar os pensamentos para pensar em como sair dali para chegar aos seus destinos; os mais distantes, que não viam o carro de Luís Araújo, buzinavam, gritavam pelas janelas impropérios contra quem quer que estivesse atravancando o trânsito.

O que aconteceu?, perguntou uma senhora que ia caminhando pela calçada. Acho que o motorista dormiu ao volante e bateu o carro, responderam. Que irresponsável, disse a mulher que fez a pergunta inicial, e continuou seu caminho.

Talvez, àquela altura, alguém já tivesse ligado para a emergência pedindo socorro, mas enquanto ele não chegava, todo tipo de especulação cabia. Ele deve ter passado mal, disse alguém dentro de um carro na enorme fila que já tomava cinco quarteirões. Ou então brigou com a mulher e se suicidou. Mas se suicidar desse jeito? Logo aqui? Vai ver era histriônico, queria aparecer nos jornais. É, vai saber, disse o outro.

A fila aumentava, o barulho de buzinas e gritos já se tornava um espetáculo à parte, e algumas pessoas resolveram sair dos seus veículos para tentar averiguar o que estava acontecendo mais adiante.

Uns descobririam ali mesmo, outros, no dia seguinte, na nota que saiu no jornal: era a morte, sempre imperiosa, mostrando que não importa a pressa que se imprima aos dias, e que qualquer ritmo, por mais ensandecido que seja, em algum momento, para. Era a morte, irônica, mostrando ser capaz de interromper qualquer percurso, atrapalhar a pressa dos dias, deixando claro não apenas a calma que ela pode trazer, mas também quem manda no final.

Enquanto o dia seguinte não chegava, Luís Araújo, morto dentro do carro, atrapalhava a vida dos que só queriam ir adiante. Quando o socorro chegou, retiraram o corpo e afastaram o carro para que os outros pudessem, finalmente, passar. O corpo de Luís Araújo permanecia na lateral do seu próprio carro, enquanto os outros veículos passavam devagar, cautelosos. O homem morto era, de qualquer forma, invisível para os que já haviam esperado demais. Por estar obstruindo a via, por ter causado tudo aquilo, Luís Araújo era um estorvo, e continuava sendo acusado pelos que trafegavam dentro e fora dos veículos, silenciosamente ou nem tanto, de culpa por ter causado todo aquele caos a uma hora daquelas da manhã.

A culpa de Luís Araújo era ter cultivado a pressa, razão pela qual seu corpo resolveu parar, em definitivo. Não que os passantes se importassem com isso.

Fofura

Era só ouvir dona Fafá passando na rua que eu corria para a janela, ficava o mais junto que podia do parapeito em pé, nas pontas dos dedos, para vê-la caminhando desenvolta, a espinha bem ereta, um pano cuidadosamente embolado em cima da cabeça equilibrando uma bacia de verduras, que oferecia gritando pelas ruas, num tom alto o suficiente para se fazer ouvir dentro das casas. Olha o alface, o coentro, a cebolinha, o tomate e o feijão verde!, dizia, quase numa oferenda. E eu achava aquilo tão bonito, como se eu tivesse por um instante viajado para alguma cidade do interior, com seus comportamentos prosaicos tão diferentes de tudo o que eu via na TV e no colégio.

Os interessados, em vias de começarem os preparativos para o almoço, corriam para fora de suas casas a chamar-lhe para que negociassem quantidades e valores. Dona Fafá ajeitava os óculos miúdos no rosto, já suados àquela hora, colocava a bacia com cuidado no chão e mostrava o que tinha para os clientes. Todos os dias era esse mesmo ritual.

Às vezes minha mãe já deixava algum dinheiro com Ilma, a moça que cuidava de mim, da minha irmã, e que também dava um jeito na casa, para que ela corresse para a porta quando dona Fafá passasse, porque de vez em quando um ou outro tempero importante para a feitoria do almoço faltava bem no meio da semana, quando então recorríamos a ela. Quando isso acontecia, de vez em quando minha irmã, alguns anos mais velha que eu, se juntava a mim e a Ilma na calçada e ficava fazendo perguntas para a dona Fafá, que respondia de um jeito meio enviesado. Eu entendia as duas: minha irmã, porque era mesmo muito curiosa e sabida, e dona Fafá, que não tinha tempo pra ficar de conversa com ninguém; o sol era forte e era preciso vender tudo antes que as coisas murchassem.

Mesmo assim, devo em parte às perguntas da minha irmã o quebra-cabeças que fui montando para entender um pouco do que acontecia na vida de dona Fafá. A outra parte ela contava espontaneamente para Ilma, no instante em que descansava um pouco as costas sentada numa calçada mais alta ou escorada na parede, enquanto fazia uma venda. Foi dessa maneira que a gente soube que dona Fafá havia perdido o marido há poucos meses — ele era pedreiro e caiu lá de cima quando alguma parte da construção desmoronou —, que era ele quem até então colocava "os dinheiro importante" na casa — ou seja, o dinheiro de pagar as contas — e ela ficava em casa fazendo pequenas costuras e cuidando da filha, que tinha uma forma grave de paralisia cerebral que a impedia de se movimentar espontaneamente. Só que agora a máquina de costura dela tinha quebrado e ela não tinha como mandar consertar, então ela aproveitou que sua irmã mais nova havia se separado do marido — um alcoólatra que estava preso porque batia nela — e foi morar com ela e a filha (na verdade, ela usou uma expressão bonita, "pedir asilo", que eu perguntei o que era ao meu pai e ele me explicou) para ela colocar as coisas que plantava no imenso quintal dentro de uma bacia de alumínio e sair pelas ruas vendendo, enquanto sua irmã pastorava a menina semi-imóvel. E era disso que vinha vivendo desde que o marido havia morrido, porque ela ainda não tinha recebido nada da empresa onde ele trabalhava a não ser promessas, já que ele estava lá avulso.

Naquele tempo, no bairro onde eu morava, as casas eram todas distantes umas das outras e o verde imperava em toda parte. Asfalto mesmo só na pista principal, lá onde terminava a rua. A rua mesmo onde ficavam as casas era pavimentada com um calçamento irregular que não podia ver chuva. Não era um bairro para gente muito pobre, mas era uma região que estava começando a nascer e se desenvolver, aberta a tudo. Talvez por isso Dona Fafá tivesse condições de ter, em algum lugar perto dali, um terreno grande onde plantar.

Apesar do momento de sofrimento, dona Fafá não se abalava, e os dias que eu mais gostava de vê-la era quando entre um aviso e outro de que estava na rua com os seus alfaces e coentros, ela cantava alguma música bem alto. Não era dona de uma grande voz, mas era bonito ouvi-la cantando Lupicínio Rodrigues ou Noite Ilustrada. *Volta por cima* parecia ter sido feita para ela, e dona Fafá não poupava os pulmões ao cantá-la.

Um dia, ela apareceu com uma novidade. Junto com ela vinha um cachorro muito pequeno e muito peludo, de um pelo cinza que mais parecia uma nuvem caída de um dia bonito pra chover. De quem é esse cachorro, dona

Fafá?, perguntou uma freguesa. Não sei. Apareceu na rua e começou a me seguir desde ontem. Dormiu lá em casa no pé da porta. Pode ser que tenha fugido de alguma casa, mas eu já disse a ele que se o dono num aparecer eu vou ficar. A senhora precisava ver os olhinhos dele quando eu disse isso. Parecia até que tava me entendendo. E talvez estivesse mesmo. Quando um freguês dizia que não ia chegar perto porque tinha medo de cachorro, ela dizia pra ele, Fica aí! E ele ficava paradinho enquanto ela ia até a porta do cliente com sua bacia de verduras, e só voltava a ficar perto dela quando ela estalava os dedos. Qual o nome dele?, perguntei um dia. Ainda não tem nome não, filho. Acho que vai ficar sem nome mesmo. É muito triste um animal sem nome. Dê um nome ao bichinho, pedi. Ilma ouvia a conversa calada, escolhendo o que tinha de melhor na loja ambulante de dona Fafá. Olhou para ela e disse, Que tal Fofura? Todo mundo gosta dele, dona Fafá. E até quem não gosta vê que é um bichinho tão lindo, tão fofo. Tá bom, ela disse. Eu gosto desse nome. Eu abri o maior sorriso que tinha e dei um abraço em dona Fafá. Obrigado, disse eu, sentindo nela o cheiro de terra, verduras e suor. Ele vai gostar muito de ter um nome. Ilma entregou umas cédulas e umas moedas para a mulher e pegou o que deveria. Eu segurei a mão livre dela e fiquei balançando, de pura alegria incontida. Fomos entrando em casa. Ao fecharmos o portão, eu pedi a Ilma, Quando meu pai deixar eu ter um cachorrinho você também coloca um nome bem legal nele?

Fofura tornou-se o mascote de dona Fafá. Aos poucos, por onde ela passava com ele, ia conquistando mais e mais amizades. Dócil e meigo, ele agradava todo mundo, e rapidamente seduzia até os mais temerosos. Dona Fafá dizia que no dia que ele por algum motivo não ia com ela, vendia menos. Além de tudo ele me dá sorte, dizia. Pode ser que fosse mesmo verdade, mas as vendas de dona Fafá não estavam decepcionando. Ela já falava em mandar pintar as paredes da casa para as festas de fim de ano com um dinheirinho que vinha juntando. Vou mandar pintar tudo de amarelo, porque amarelo atrai dinheiro. E ano que vem, se tudo der certo, eu começo a juntar para conseguir fazer o tratamento da fisioterapia da Marcela. Eu tenho fé em Deus que ela ainda vai conseguir me dar um abraço antes d'eu morrer! Os médicos já haviam dito que ela não alimentasse esse tipo de esperança, mas dona Fafá era teimosa. Se eu fosse mulher de não ter esperança eu tava onde, agora? Tinha era morrido junto com meu marido. Mas a queda só matou ele, eu continuo aqui. Minha menina continua aqui, eu vou viver desesperançada pra quê?

No final de dezembro ela se despediu de todo mundo e disse que estaria de volta na primeira semana de janeiro. Então, quando todo mundo esperava ouvir Olha o alface, o coentro, o tomate e o feijão verde! a qualquer momento, dona Fafá passou uma semana inteira sem aparecer. Deve estar com a filha doente, ou o Fofura, comentou-se na rua. Coitada, uma semana sem ganhar dinheiro. Será que ela tem pros remédios e pra comer?, perguntavam-se os mais pessimistas.

Na semana seguinte, dona Fafá também não veio. Nem na outra. Como àquela altura ela já era quase da família de todo mundo pelas redondezas, as especulações eram muitas. E ninguém tinha o telefone dela, pelo simples fato de que ela não possuía telefone, que era um bem tão caro quando eu era criança que virava motivo de disputa em herança. Não havia como saber notícias de dona Fafá. Quando já estávamos todos muito magoados com ela, achando que ela havia conseguido algum emprego e não tinha sequer se despedido da gente, soubemos da notícia. Por volta do final da última semana do ano, dona Fafá chegou em casa e encontrou a irmã amarrada a uma cadeira. Quando ela ia se aproximando, ouviu um barulho de alguém urinando no banheiro e parou. Uma voz disse, Não toque nela. O homem que saiu do banheiro era o ex-marido da irmã, que havia sido liberado da prisão no indulto de fim de ano, com o dever de retornar após as festividades, algo que ele claramente não pretendia fazer. Segundo a irmã contou depois, no hospital, dona Fafá só queria saber de Marcela. Cadê minha filha, cadê minha filha? Nesse instante, ela viu a menina jogada perto de um sofá, no chão. Quando ela correu para onde estava a menina, o homem mostrou a ela a faca que carregava consigo. Eu só fiz colocar ela pra dormir, a menina tá viva. Meu negócio aqui é com você e com essa biscate aí, disse, apontando para sua ex-mulher. O homem, conhecido como Russo, baixou as calças e disse a ela, Agora eu quero você peladinha na minha frente, que eu vou te comer na frente da tua irmã. Você vai pagar por ter me deixado, sua puta, e você — disse, apontando para dona Fafá com a faca — por ter deixado ela vir morar aqui com você.

Dona Fafá virou-se rapidamente para correr e pedir ajuda, mas tudo o que conseguiu fazer foi abrir a porta. Antes que pudesse colocar o primeiro pé fora da casa, ouviu um gemido da irmã. Russo havia lhe esfaqueado logo abaixo dos seios. A porta aberta, contudo, abriu espaço para Fofura entrar às carreiras, como quem corre em direção a um destino. Russo o segurou através da pele do pescoço. Eu quero você deitada no chão aqui, agora. O recado estava dado, mas Dona Fafá não se moveu. Russo foi até a pedra que segurava a porta da cozinha, pegou-a e esmagou a cabeça do Fofura com três pancadas, jogando para o lado, em seguida, o corpo do animal. A irmã de dona Fafá morreu no hospital duas semanas depois, com o agravamento do quadro. Eram, novamente, apenas dona Fafá e sua filha.

Meses depois, ouvi de dentro de casa alguém gritando na rua, Olha lá! Aquele não é o Fofura? Por alguma razão, o cachorro de dona Fafá parecia não ter morrido. Será que aquela história toda teria sido inventada por alguém da vizinhança? Mas não, não era possível, tinham até trazido o recorte do jornal pra todo mundo ver. Que cachorro era aquele, afinal?

Quando alguém dizia, Fofura!, ele olhava, mas não porque parecia reconhecer naquela palavra o seu nome. Ele também olhou quando disseram Girafa, Pedregulho e Farofa. Era apenas um animal curioso. O certo é que o segundo Fofura foi ficando pela rua, cresceu, colocou outros cãezinhos no mundo, mas nunca foi embora, fiel a uma missão que parecia saber guardada dentro de si: a de nunca permitir que esquecêssemos dona Fafá e sua luta por dignidade.

Não esquecemos. Mas de dona Fafá nunca mais tivemos notícias.

Vermes

A primeira vez que ouvi meu pai me chamar de viado eu ainda era incapaz de articular ideias ou conectar os pensamentos. De onde estava, ouvi ele dizendo pra minha mãe que não ia criar filho pra ser viado, que quem quisesse borboletear que fosse voar por outro jardim. Não é de se negar que ele tinha uma tendência a fazer poesia através do escárnio. Quando cresci mais um pouco, entendi o comentário e as chacotas sofridas todos os dias por conta da minha voz, que era ligeiramente afetada, por eu gesticular muito ao falar e por conta do meu caminhar gingado. Cansei de sentir a mão de meu pai bater aberta e com força nas minhas costas "pra eu andar direito" e de mandar eu repetir tudo o que tinha dito minutos antes, enquanto ele segurava meus braços brutalmente, porque "não era possível que eu precisasse me arreganhar todo daquele jeito pra falar".

Foi através das atitudes dos colegas de escola e dos meninos da vizinhança, porém, que compreendi o que ele queria dizer: eu era uma espécie de menininha da mamãe.

Eu era o único que chorava quando alguém judiava de um bicho; era eu que saía da brincadeira quando uma bola um pouco mais forte atingia alguma parte do meu corpo, ou porque simplesmente alguém gritava ou dizia com cara de nojo, Sai pra lá, sua bicha. Qualquer besteira que eu dissesse ou fizesse era motivo de uma implicância desmedida. A crueldade dos meninos não tinha fim nunca. E eu era mesmo uma criança sensível. Ouvia constantemente um Pare com isso, Leo. Parar com o quê, se eu não entendia o que podia haver de errado em ser eu mesmo? Por volta de oito anos eu já era um menino solitário. Eu era frágil demais para aquela turba e seus dictérios. Quem suportaria por tempo indeterminado as pancadas que eu levava, dentro e fora de mim? Meu pai, contudo, não queria me ver dentro de casa. Menino é pra brincar na rua, conhecer o jeito do mundo, dizia pra mim e pra minha mãe, minha única protetora. E me obrigava a ir pra calçada, nem que fosse só pra ver os meninos jogando bola no meio da rua, porque na maioria das vezes eles não me deixavam participar das brincadeiras. Diziam que eu era "mocinha demais" para os seus carnavais.

Por volta dos nove, duas coisas aconteceram que me marcaram para sempre. A primeira foi uma investida do Márcio sobre mim. Márcio era uns seis anos mais velho que eu e o menino mais velho da rua. Eu estava sentado na calçada vendo uma partida de futebol com o pensamento em outro lugar, quando o Jair aparece a mando dele, dizendo que ele estava me chamando. O que ele quer comigo?, perguntei. Não faço ideia, estou só dando o recado. Vem. Eu fui, na ansiedade de quem sabe, talvez, ser aceito pelo chefe do grupo dos garotos. Fui levado até o quintal da casa da mãe do André, um dos moleques da rua, conhecido pelas arruaças na cidade. Márcio me esperava dentro de uma casinha de tijolos onde ficavam os cães da família do André, antes deles todos morrerem por conta de um calazar nunca tratado. Assim que vi Márcio, ele disse, Senta aqui. Esperei que ele se afastasse para o lado, onde me caberia de modo apertado. Ele riu. Aí não, otário, é aqui mesmo, ó, disse, abrindo o zíper da calça e mostrando um pênis semirrijo. Mas antes baixa a calça. Na mesma hora, eu ameacei choro. Jair e André viam tudo por trás da casinha, através dos cobogós na parede. Ouvi umas risadinhas. Foi o que me impediu de chorar. Disse que não queria aquilo. Ele insistiu, e disse que para eu ser aceito no grupo, tinha que dar o cu para ele. Foi exatamente assim que ele disse. E acrescentou, Os meninos já passaram por isso. Quem não passa, não entra, e ainda apanha. Àquela altura o meu medo maior era de que houvesse falatório a respeito do que estava acontecendo ali. Sentei nas pernas dele, mas não senti nada. Abre o cu, Leozinho, exigiu. Os meninos riam. Abre o cu, cara.

De sopetão, eu me levantei, subi minhas calças e saí correndo dali. Que se danem todos!, pensei. Em pouco tempo os comentários de que eu havia dado a bunda para o Márcio corriam pela vizinhança. Incrivelmente, a coisa pegara mal pra mim, não para ele, que tinha uma namoradinha de uma cidade vizinha e estava pouco se importando com o que diziam. Meu pai chegou pra mim e disse, Leonel, quero que você me acompanhe. Pensei que ia levar uma surra monstruosa. Caminhamos até um curral onde avistei alguns porcos. Havia um com as mãos e os pés amarrados, à minha espera. Meu pai pegou uma marreta que estava sobre um galinheiro baixo de madeira, onde minha mãe mantinha as aves que ia engordando para o consumo familiar. O instrumento também parecia estar ali de propósito — meu pai era muito cuidadoso com seus objetos, jamais deixaria um deles esquecido ao léu. Toma, disse, olhando bem para mim. Eu não sabia o que fazer com aquilo, embora desconfiasse da frase seguinte, que foi, Segure essa marreta com as duas mãos, e com toda a sua força, bata com ela na cabeça do porco. Olhei de lado e vi minha mãe observando o que acontecia da janela. Quando meu olhar buscava o dela, ela desviava o rosto, como se não estivesse ali. Quero ver se esse cabra não vira homem!, gritou meu pai para onde estava a mãe. O animal parecia saber o que estava prestes a lhe acontecer. O bicho urrava, chacoalhava as patas ensandecido, abria e fechava os olhos como se quisesse ter certeza do que estava por vir, mas ao mesmo tempo sem querer testemunhar de olhos abertos seu triste destino. Eu olhei para o meu pai, tremendo. Deixei a marreta cair por duas vezes, e nas duas, recebi do meu pai uma pancada na cabeça. Eu apenas me curvava e voltava a segurar o instrumento, de extremidade larga e pesada, rezando em silêncio para não derrubá-lo outra vez. Enquanto isso, o porco não se calava. Com o menor gesto do meu braço, os guinchos aumentavam. O animal estava em pânico, e eu entre desejando que ele morresse de um ataque cardíaco e com receio do que aconteceria *a mim* se isso acontecesse. Até que o porco cansou. Naquele momento, sem escapatória, também me dei por vencido. Ergui meus braços e os desci sobre a cabeça do animal com uma força brutal. Concentrei-me no Márcio, no André e no Jair. Ouvi claramente os ossos da cabeça daquele porco se espatifando, e embora não tenha olhado, senti o impacto daquela violência nos meus braços. O bicho voltou a gemer, mas por pouquíssimo tempo. O sol já ia se pondo por trás do meu pai quando levantei a cabeça e olhei pra ele, que sorria. Amanhã teremos um almoço providenciado por você, Leonel. O primeiro de muitos. Ao ouvir aquilo, saí correndo para dentro de casa, minhas minguadas ancas balançando, berrando o nome de minha mãe, aos soluços.

Comemos carne de porco durante três dias. Ao final do quarto dia, meu pai me chamou novamente no curral. Dessa vez, seria um carneiro. O sacrifício foi o mesmo — meu e do animal —, mas, como da vez anterior, também aconteceu. A diferença foi que, dessa vez, meu pai me fez entrar pela porta da cozinha levando o cadáver do bicho, onde eu deveria depositá-lo sobre a pia. Minha mãe olhou para ele, que disse antes que ela pudesse abrir a boca, Eu disse a você que ia dar a esse menino motivos pra ser homem. Ela ficou calada.

Na tarde do dia seguinte, uma surpresa: dois garotos com os quais eu quase nunca falava bateram à porta de casa, me chamando pra jogar bola. Meu pai foi até lá e disse, Ele já fez os deveres de casa, então vai. Diante da assertividade daquelas palavras e da dureza de seu olhar, não havia possibilidade de recusa. Tempos depois eu soube que meu pai havia ameaçado não vender leite e carne para as famílias que continuassem a fazer comentários sobre o ocorrido com o Márcio ou mesmo sobre meus trejeitos afetados. Como a fazenda dele era a única fornecedora dos dois alimentos na região, soube calar a boca de todos rapidamente. Bem que minha mãe vivia repetindo que o que não vem pelo amor vem pela dor. E de dor eu entendia.

A partir de então passei a ser titular de todos os times, e ninguém me chamava mais de bicha nem viado, pelo menos não mais do que chamavam a si mesmos quando perdiam um gol ou um lance não saía como queriam. Eu era um deles, enfim.

No dia que as meninas faziam quinze anos, em geral recebiam de presente dos pais um baile no Centro Social ou na quadra da escola, com direito a dançar valsa com um garoto geralmente alto e charmoso. Eu ganhei de presente uma marreta maior e a incumbência de matar minha primeira vaca. Era o meu rito de passagem. Àquela altura, eu já me tornara um exímio matador — sem esboçar o menor estremecimento. Chegava, fazia o serviço sempre auditorado pelo meu pai — como se ele precisasse se certificar que seus ensinamentos continuavam surtindo efeito — e saía para meus outros afazeres, com a indiferença de quem havia ido ao terreiro recolher ovos.

Tinha ficado tudo certo que ao final daquele ano eu iria morar na capital. Se eu ficasse ali meu destino seria abater animais até, um dia, tomar o lugar do meu pai nos negócios, algo que eu não estava disposto a fazer. Ele que vendesse a fazenda ou arranjasse um sucessor, não eu.

Dois dias antes de viajar, caminhando de volta da escola, passei por uma casa que nunca tinha visto antes. Quer dizer, ver eu vi, mas nunca tinha reparado. Enquanto todas por ali eram da mais simples alvenaria, aquela tinha detalhes em azulejos portugueses em todas as paredes, na fachada, no piso. Ajeitei a mochila nas costas e parei, observando os detalhes. Foi então que vi pela janela um corpo suspenso. Olhei para a tranca do portão da frente e notei que não havia cadeado. Quem quer que fosse, havia deixado tudo preparado para ser encontrado. Entrei na casa certo de que estava sozinho. Olhei para a mulher suspensa, a ponta dos pés apontando para o chão, o vestido longo e vermelho delineando suas formas. Notei que seu corpo já era de um tom esverdeado, pronto pra virar comida de urubu, as carnes apodrecendo. Curioso, enfiei meu dedo em suas carnes desfiguradas. Meu dedo entrou sem dificuldade. Confesso que, diferente da visão do cadáver dos animais, que no começo me davam pesadelos, ver aquela mulher pendurada numa corda amarrada à cumeeira do teto da sala, sequer me emocionava. O cheiro, que para qualquer outra pessoa seria nauseabundo, para mim não eram piores do que o sangue batido e pisado dos animais que eu me acostumara a matar. Reparei na maquiagem que ela usava, no batom, e nos cabelos que ela provavelmente lavara antes de se suicidar, já que o cheiro de xampu se misturava ao odor acre da decomposição. De onde estava senti o cheiro dos seus cabelos como quem ampara entre os dedos uma flor. Eram longos e delicados, o oposto do seu rosto, fechado num esgar de dor — arrependimento? — pelo destino que impusera a si.

Toquei os dedos dos seus pés, que estavam ligeiramente sujos e tinham alguma areia embaixo, sinal de que ela tinha caminhado descalça pela casa antes do ato. No peito, vi uma chave de fenda enfiada até o cabo. Ela certamente quis garantir que ia morrer, de uma forma ou de outra. Ou então quis abreviar a dor de sangrar até a morte. Não importa. Meses depois, durante uma ligação para se inteirar de como as coisas iam, soube pela minha mãe que o noivo dela a havia abandonado por um outro homem e que, sem enxergar na vida uma saída, maquiou-se, perfumou-se e colocou seu longo vestido vermelho, tal como na noite em que se conheceram, e rumou à porta de desembarque. Talita, o nome dela, soube na mesma ligação.

Concluí meus estudos e entrei para a faculdade. Nada de Agronomia ou Veterinária, como queria meu pai. Fui fazer Engenharia Mecânica. Comecei a dividir um apartamento com outros dois estudantes também vindos de diferentes cidades do interior, e em menos de dois anos consegui um estágio numa montadora de veículos. Conheci Talita quando estava prestes a me formar. Estudávamos no mesmo campus. Descobri por acaso que eu poderia ser tudo o que eu quisesse ao lado dela. Com um mês de relacionamento, durante o sexo, ela enfiou devagarzinho um dedo no meu cu. Na mesma hora, gozei. Depois conversei com ela, e disse que não tinha problema, o negócio era administrar o prazer. Deu certo. Logo mais ela enfiava dois ou três. A sensação era indescritível. Com uma mulher daquelas, sem preconceitos na cama, fui me soltando mais. Até que um dia disse a ela que queria fuder com ela vestido de mulher. A resposta dela? Você quer usar um vestido meu ou quer comprar um novo, Leo? Na mesma noite apareci com um longo vermelho que me deixou deslumbrante. Eu nem lembrava mais da *outra* Talita, a que se matara. Mas essa não teria o mesmo fim, nem pensar. Essa eu queria comigo, pertinho, de preferência pra sempre. Talita também tinha uma surpresa pra mim. Abriu a gaveta da cômoda ao lado da cama e tirou uma caixa com um pênis de borracha dentro, e um tubo de KY. Enquanto você me fode, quero enfiar esse dedinho de 20 centímetros no seu rabo. Pela primeira vez entendi o que era dor e gozo num mesmo movimento. Ser enrabado pela mulher que eu amo passou a ser uma constante na nossa vida. Nosso sexo não tem mesmice até hoje, e quando algum amigo vem me falar que está há três meses sem trepar, fico com vontade de compartilhar minhas técnicas, mas nessa merda de mundo onde por tudo a gente é rotulado não cabem certos comentários.

Quando fui promovido no trabalho, ganhei também uma redução de horas, e decidi fazer uma faculdade de Teologia à noite. Segui o currículo, mas minhas leituras são bem pouco ortodoxas, assim como meus constantes questionamentos. Pude compreender então a liberdade que há no desejo humano. O passado na fazenda, as humilhações, foi tudo ficando pra trás. Com as suas inegáveis cicatrizes, claro, porque ninguém passa pela vida sem ferimentos. Entretanto, quando juntei as duas coisas foi que entendi o que o poeta queria dizer quando afirmou que há uma rachadura em tudo, mas que é assim que a luz se faz entrar.

Quem nasceu pra ser canalha

Nunca confiei em homem que casa e não usa aliança. Já disse pras minhas amigas: se casa e não tem anel no dedo, pode ir atrás que é furada. E não digo isso por qualquer motivação religiosa, que aliás nem tenho. Sei que quando se está inserido numa cultura como a nossa ninguém escapa a ela completamente, por mais que se queira. Não é raro ouvir amigos meus que se dizem ateus soltando um "graças a Deus" quando algo dá certo ou quando escaparam de uma merda grande, ou um "Deus me livre!" em situações de desprezo por algo, e por aí vai. Essa minha conclusão advém de natureza empírica e de muita contemplação.

Mesmo assim, várias das minhas amigas se envolvem com homens pensando que eles são solteiros, que *dizem* que são solteiros, e quando eles começam a ter que ir embora mais cedo no final de semana, quando não querem conhecer a família ou algo do tipo, eu cravo logo: esse é um dedo sem anel. E aí já é tarde demais, porque geralmente elas estão envolvidas, apaixonadas, achando que tudo pode se resolver com um divórcio que, via de regra, os homens não estão nem cogitando. Sempre que falo com uma das meninas do escritório sobre esse assunto, o que ouço é que elas têm esperança de serem alçadas da posição de outra à de legítima. O que elas não sabem nem entendem é que um homem na maioria das vezes não busca outra pensando em despachar a que deixou em casa. Quase sempre o que eles querem é apenas diversão, um playground novo, com areinha nova pra molhar, até enjoar e partir pra próxima. E eu não digo isso por acaso: reconheço de longe um dos meus.

A primeira vez que peguei a rua pra caçar eu nem estava procurando nada, e só vim entender que era caça uns bons dias depois. Deve ser clichê, mas eu que fui encontrado. Já tinha escurecido há mais de uma hora quando eu disse pra Paula que ia fazer uma caminhada — porque esse é o horário que mais gosto — e na volta ia dar uma passada na padaria pra comprar pão. Saí a pé, só que no meio do caminho deu preguiça dessa história de caminhar, manter colesterol em nível bom pra evitar enfarto e todas essas babaquices que colocam na cabeça da gente pra vender produtos de beleza e remédio pra emagrecer, e eu fiquei sentado um tempão só olhando as pessoas passarem, meu olhar flanando sem na verdade enxergar nada. Eu estava estropiado do dia de trabalho, cheio de reuniões e decisões sérias a tomar e nas quais eu não estava nem um pouco a fim de pensar.

Tinha gente de todo tipo, e ninguém prendia o meu olhar, nem quem passava com cachorro, nem com criança, nem velho, ninguém. Aí veio uma mulher e se sentou bem ao meu lado. Já cansou?, soltou o torpedo assim, do nada, um sorrisinho safado no olhar. Eu me virei pro lado e me certifiquei que a conversa era comigo. Não cheguei a cansar, respondi. Estou aqui só pela natureza. Pela fauna ou pela flora?, se jogou. Eu não dispenso nada no ecossistema, disse de volta, sabendo se tratar de uma cantada horrorosa. Mas era o que ela estava esperando ouvir.

Elizabeth era dessas que não esperam pelo homem, tomam a dianteira e em dez segundos estão na quinta marcha. Tanto que quando desconfiou que eu era casado, depois de um trepada maravilhosa numa tarde de um domingo chuvoso, perguntou de forma direta, como quem espera o momento certo de fazer a pergunta não por receio da resposta, mas por não querer deixar de aproveitar o bem-bom que tem pelo caminho até que a resposta inevitavelmente chegue. Eu disse a verdade. Se tem uma coisa que eu não faço é enganar. Quer dizer, se quero conquistar uma mulher não saio dizendo de cara que estou nessa masmorra chamada casamento. Pra que eu vou depor contra mim mesmo e acabar com as minhas chances? Eu não tenho interesse em apenas levar pra cama. Se meu objetivo fosse só esse, eu me viraria com putas. É mais prático e fácil. Mas o que me interessa é o jogo da sedução, a possibilidade de me apaixonar e levar adiante uma relação que, para todos os efeitos, existe de fato; e essa etapa inteira, que é a melhor de todas pra mim, estaria completamente exterminada se eu dissesse logo o meu estado civil. Bom, não completamente, claro, porque existem aquelas que gostam mesmo é de homem casado. Algumas das minhas colegas de trabalho parecem bem afeitas a esse tipo de relação. O cúmulo da carência e da burrice. Não conheço uma só até hoje que não tenha entrado numa de se apaixonar por homem casado pra não estar aí fudidona, perdida pela vida, mãe solteira e odiando cada minuto da maternidade, ou casada com um cara que não ama, sem nunca ter esquecido o pistola de ouro de propriedade privada, só pra não morrer numa solidão cretina — mas que adianta morrer com alguém se é pra viver amarga? Tem horas que eu penso que certas mulheres têm a inteligência do tamanho da cabeça dos girinos. Elizabeth olhou pra mim como quem observa uma casa em chamas. Depois de um tempo em que eu não reagi, ela se levantou, vestiu sua roupa, pegou a bolsa que estava em cima de um móvel encostado na parede e foi embora. Eu soube naquele exato momento que era hora de partir pra próxima.

E foi o que eu fiz.

Quero deixar claro que eu amo a minha mulher. Conheci a Paula nos tempos de colégio, depois o pai dela foi transferido de cidade e eles foram morar num desses lugares do país que ninguém lembra que existe, tipo Palmas, Boa Vista ou aqueles confins do Mato Grosso do Sul que a gente só associa a floresta, água, cobras do tamanho de árvores centenárias e mosquitos. Não sei direito o que aconteceu lá, mas dos três — Paula no meio desse saco — só voltaram dois, ela e a mãe. O pai ficou em algum cemitério. Nos reencontramos depois, pelo Orkut, marcamos de nos encontrar e foi aquela festa. Menos de um ano depois eu já estava no cercadinho. Naquela época eu ainda só comia a Paula. Mas já sem anel no dedo.

Só que apesar da Paula ser uma mulher fantástica e dona de uma voracidade que atende aos meus anseios, é também de um ciúme sufocante. E se tem outra coisa que mulher não entende é que todo bicho muito apertado se esperneia. Aí, meu amigo, se ele não morrer de tanto se espernear, ele foge. A Paula entendeu o recado direitinho num dia em que eu saí de casa decidido a só me encontrar com ela de novo na frente de um juiz. Por isso que hoje eu saio na hora que quero — só preciso dizer pra onde eu vou, mesmo que o lugar mencionado não esteja mais distante da verdade — e não recebo nem uma mensagenzinha perguntando que horas eu volto. Ou era assim ou ela perdia as regalias todas que tem comigo.

Ela é mais uma que sabe, claro. Tenho uma queda por mulheres inteligentes, o que dificulta que o estratagema dure por muito tempo. E, como todas as outras, ela finge que não sabe. Só que enquanto as outras fingem que não sabem para manter o prazer da clandestinidade ou por saberem que a verdade implica num rompimento (por vontade delas), Paula finge que não sabe para se manter na posição de oficial. E enquanto for assim, ficamos todos bem.

Resolvida essa questão, permiti que viessem Jessica, Rachel, Odília, dentre muitas outras mulheres maravilhosas, que enalteceram minha condição de homem e o meu amor pelo sexo oposto.

Hoje, aos 41, marido há mais de dez e pai de ninguém, caí na enrascada dos meus próprios desejos e caprichos. Nunca neguei amor nem paixão a nenhuma mulher que eu tenha desejado. Mas com Marina é diferente.

Eu a conheci numa festa organizada pelo Clube dos Eretos — que é como chamamos o grupo de WhatsApp que eu e mais outros amigos mantemos há mais ou menos três anos. Todas as vezes que organizamos um evento, convidamos mulheres solteiras de outros grupos, e assim geralmente temos casa cheia e um verdadeiro culto a Baco, de onde nunca saímos sozinhos.

Marina havia sido streaper, dessas que se exibem em webcams mediante depósito prévio em conta-corrente. Antes disso, havia sido garçonete em espeluncas noturnas e recepcionista de sex shop. Sua quilometragem boêmia e lucífuga é invejável. Mais ainda sua bagagem que ninguém vê, toda em nome de objetivos acadêmicos: é leitora compulsiva de literatura russa, francesa e alemã, fala três idiomas e está terminando um doutorado. Quando trepamos, a xoxota de Marina deixa o meu pau encharcado, e quando ela goza, me prende de um jeito que a vontade que eu tenho é de ficar atolado ali dentro pra sempre.

Estamos nos conhecendo melhor. Se daqui a alguns meses eu não descobrir que tudo o que ela sabe sobre Dostoiévski vem da Wikipédia; que o inglês, o francês e o italiano que ela fala não são só as palavras básicas pra mandar o cara passar o cartão e dizer que está doida pra ser fudida e que o doutorado dela não é apenas o diploma de doutora do ABC, eu deixo a Paula, definitivamente. Nunca pensei que eu, dentre todos os homens sem anel no dedo, fosse cair numa dessas. Mas ou eu faço isso ou sei que vou me arrepender pra sempre. Neste momento, porém, a tática exige movimentos felinos e uma análise profunda dos fatos. Não sei se consigo. Vamos ver.

Uma infinita solidão

Mário enfiou o cartão na máquina e puxou a alavanca para baixo assim que o sinal soou. Olhou para trás uma última vez, como fazia ao fim de todo expediente, apenas para certificar-se de que havia desligado corretamente a máquina que operava e que colocara o uniforme e o equipamento de proteção no lugar correto. Desceu as escadas pedindo a Deus que ninguém puxasse assunto com ele. Sabia que se demorasse qualquer instante a mais, perderia o ônibus das 6:15. Desde que Marisa perdera o emprego, há quase um ano e meio, precisaram dispensar a empregada. Agora tinham apenas uma faxineira, que ia duas vezes na semana. Mesmo sem ser sua obrigação, ela esperava Mário chegar, para que as crianças não ficassem sozinhas com sua esposa. Ele nunca havia comentado o que quer que fosse, mas a mulher parecia ter uma intuição aguçada; compreendiam-se apenas através da observação dos movimentos da casa, e isso bastava. Antigamente, chegar em casa era um momento que Mário ansiava. Ia para casa sonhando com um bom banho e o jantar na presença dos filhos. Agora, abrir a porta da frente era um momento de tensão. Encontrou os filhos próximos a uma gaveta semiaberta, brincando com martelos, alicates e pregos retirados de dentro dela. O primeiro impulso foi o de gritar com as crianças, mas refreou-se: passara o dia inteiro sem vê-los, não podia se permitir fazer da repreensão uma saudação. Além do mais, sabia que elas eram as menos culpadas pelo que vinha acontecendo. Apenas disse para o filho: Jeová, quantas vezes pedi a você para não retirar as coisas que guardo aí? Não fui eu, papai. Foi Salita. Ela engatinhou pela sala inteira até encontrar por onde puxar. Pegou o filho com um dos braços e deu um beijo em sua cabeça. Em seguida, abaixou-se um pouco mais e pegou a filha menor do chão, enchendo-a de beijos. A menina ria, envolta em cócegas. Parecia não guardar lembrança da queda que a deixara cega com pouco mais de dois anos, tão envolta estava na felicidade trazida pelo cheiro do pai. De lá para cá, um ano se passara e uma aparente normalidade se estabeleceu. Já jantaram?, quis saber. Não. Mamãe ainda não desceu para fazer a janta.

Mário deixou os filhos onde estavam e subiu as escadas com os dentes trincados. Bem antes de abrir a porta do quarto o cheiro de uísque dominava o corredor. Até quando vou ter que tolerar esse seu comportamento, Marisa?, vociferou assim que a porta do quarto do casal fechou-se atrás de si. A mulher estava olhando para outra dimensão através da janela e nem se apercebeu da presença do marido. Virou-se devagar, como se para se certificar de algo que seu olhar aparentemente captara. Desculpe, nem vi você entrar, ela disse. Quer jantar? Mário olhou para a esposa, e pela primeira vez, não existia mais o misto de dor, raiva e pena que o arrebatavam todas as vezes que ele a via naquela situação. E o jantar das crianças, Marisa? Ora, disse ela, eu estava esperando você chegar. Mas você sabe que eu chego muito tarde. Elas precisam comer antes de mim porque vão para a cama cedo e acordam nas primeiras horas da manhã. Eu não tenho mais paciência pra você, Marisa... E você precisa ter paciência por causa do quê? Só porque tomei alguns goles de uísque? Eu estou ótima. Percebe-se, ele devolveu, resmungando. Esquece, Marisa. Eu vou cuidar do jantar das crianças. Quando elas comerem, eu subo novamente para jantarmos aqui, juntos. Não quero que as crianças a vejam nessa condição. Que condição? Mário a segurou pelo braço: Eu não quero mais discussão sobre esse assunto. Você fica aqui.

Enquanto descia as escadas, Mário mais uma vez tentou racionalizar como aquele problema havia chegado até eles. Desde os primeiros anos do casamento que tinham o hábito de beber juntos. Quando os filhos ainda não existiam, assim que ambos chegavam do trabalho, colocavam uma dose de uísque, ou dividiam uma cerveja, enquanto conversavam sobre o dia e cozinhavam algo para o jantar. Então os filhos chegaram e exigiram deles sobriedade o tempo inteiro. Desde que Marisa perdera o emprego, contudo, ele notara que ela começou a avançar sobre a despensa, onde ficavam as garrafas que acumularam ao longo dos anos. De início, ele não notou que a mulher também estava bebendo pela manhã. Até que um dia ele sentiu em seu hálito, e ela não teve como negar. Mas naquele tempo ainda era algo que não havia sido problematizado, e pra ser sincero, Mário pensara, Marisa não havia mudado o comportamento em absolutamente nada. Poucos meses depois sua opinião sobre a atitude da esposa para com o álcool mudou. Marisa deixou de procurar emprego. Passava o dia em casa lendo revistas antigas e bebericando alguma coisa. Sua vida interior parecia não fazer sentido sem o artifício do álcool. Ainda que não negasse mais a costumeira frequência com a qual bebia, ela não falava a menos que fosse perguntada, e Mário sentia que ela mentia sobre a verdadeira quantidade que andava ingerindo. Começou a fazer por onde ele não notar seu hálito. Começava a beber quando ele saía para o trabalho, e quando ele estava perto de voltar, comia bastante e escovava os dentes. Passou também a fumar, como um estratagema para enganar-lhe sobre o odor que impregnava a casa, mas que só funcionava na cabeça dela; até o filho mais velho passou a comentar que ela acendia um cigarro na tentativa de apagar o cheiro do álcool.

Então, aconteceu o acidente. Mário já estava adormecendo na cama quando ouviu um barulho de gritos abafados vindo da escada. Levantou-se sobressaltado e correu na direção do alarde. Ao olhar para baixo, viu Marisa com a mão sobre a boca de Salita, a tentar sufocar-lhe o choro. Sua camisola estava manchada de sangue. Tudo o que ela conseguia fazer era pedir, com a voz pastosa, para a criança parar de chorar. Ele tomou a filha dos braços da mulher e levou-a a um hospital. Dias depois ficou sabendo que o traumatismo craniano iria se resolver, mas que o nervo óptico da criança havia sofrido um dano aparentemente irreparável. Tenha paciência, disse o médico. Pode ser que com o tempo ela recupere a visão. A frase foi dita de forma tão consoladora que era quase um pedido para que ele se conformasse.

Ao retornar do hospital, estava certo de que iria pedir o divórcio no mesmo dia. Mas foi só mencioná-lo para que a mulher o implorasse para não fazer aquilo. Ele não via que ela precisava dele mais do que nunca? Sou uma mulher doente, Mário. Era exatamente aquele adjetivo que ele mesmo se recusava a usar para associar à esposa. Vezes sem conta pensara naquilo, mas se a própria mulher não admitia seu problema com o álcool, ele também negava para si a palavra. Agora, que ela proferia aquilo no que preferiam não pensar, era impossível voltar atrás. Sim, era exatamente essa a questão: Marisa estava doente. Não podia abandoná-la. Não foi para isso que se casara, pensou, num átimo de culpa. Mas também não casara para equilibrar-se sobre a corda daquele sofrimento. Se o dilema estava posto, ele resolveu encará-lo.

A mulher prometeu que nunca mais chegaria perto de um copo e que dali para frente só iria beber água. Vendo a filha cega aos dois anos, porém, era impossível não construir uma visão aterradora do futuro.

Como era uma vertente de esperança, achou que a mulher fosse mesmo cumprir a promessa quando a viu longe de bebidas alcoólicas durante mais de dois meses. Levava Salita para o hospital nas datas certas e agora começara a costurar roupas de crianças para vender. O porvir aparentemente não seria tão cruel, afinal. Mas se Marisa queria motivo, não demorou a encontrá-lo: o sucesso nas vendas. Sóbria, desenvolveu vestidinhos infantis que fizeram a fama dela na vizinhança. Com a demanda alta, a angústia por não conseguir produzir na quantidade que lhe exigiam foi resolvida com a contratação de Janete, uma costureira auxiliar. Foi ela que Mário viu, alguns dias depois, voltando da despensa com uma garrafa e um copo na mão. Compreendeu ali que não havia remédio para o que não poderia ser solucionado. Já havia ligado para os pais de Marisa e dito a eles que a levaria para passar algumas semanas com eles. Talvez ficar uns tempos numa cidade do interior e perto de alguém que pudesse servir de sentinela a forçaria a permanecer longe das garrafas. A intrigante verdade é que momentos de irresponsabilidade, como deixar os filhos sem comer, se tornaram raros depois da queda que cegara Salita, uma vez que ela aparentemente bebia, mas de forma a não perder o total controle das coisas. O perene risco iminente era o que não o deixava descansar, como se houvesse uma certeza de que um desastre estivesse em vias de acontecer. Quem quer ajudar o papai a fazer o jantar?, perguntou assim que chegou à sala, despertando Jeová de um sono que só podia ser ocasionado pela fome. Salita permanecia no chão, conversando baixinho com suas bonecas. O menino se predispôs a ajudar o pai, numa ânsia de estar perto dele e de não ir dormir com fome. Os dois começaram a pegar ingredientes na geladeira e nos armários. Quando ia acender o fogo, ele sentiu uma presença que não podia ser de Salita. Era disso aqui que você não queria que eu participasse?, perguntou Marisa, na soleira da porta. Mário olhou para o filho, que estacou, os olhos vidrados no pai, como se perguntando que atitude deveria tomar. Marisa, por favor, não faça isso. Volte para o quarto. É isso que você quer, não é? Me privar da convivência com as crianças. Você é um monstro, Mário, um monstro! Ele pegou a mulher pelos braços. Marisa, estou pedindo a você mais uma vez. Nenhum de nós precisa passar por isso. Volte para o quarto. Lá, conversamos. Eu não vou voltar pra quarto nenhum! E não pegue em mim! Você quer me separar dos meus filhos! Ainda com paciência mas demonstrando um pouco mais de força, ele levou a mulher até o sofá e pediu a Jeová que fosse para o quarto com Salita. Marisa começou a chorar. Eu não sei o que estou fazendo com a minha vida, disse. Eu também não sei, Marisa. E sinceramente, cansei de tentar compreender. Mário levantou-se e foi até o telefone. Pediu ao sogro que viesse ou mandasse alguém buscar Marisa, naquela noite mesmo. Ela não podia mais ficar ali. Em duas semanas ele sairia de férias junto com os filhos e iria para lá também, para que Jeová e Salita pudessem rever a mãe. Em quinze dias tudo o que temos vivido aqui já terá se desintoxicado de nossas mentes. Ficar na sua casa, banhar-se no açude da sua propriedade e sentir o vento a lhe açoitar certamente lhe fará bem, ele disse ao sogro, esperando que aquilo fosse verdade, mas sem acreditar sinceramente em suas palavras. O mais provável é que os acontecimentos dos últimos meses se enraizassem na vida de todos, principalmente na das crianças. E só o tempo diria que sentimentos nutririam pela mãe. Mário só conseguia odiar a esposa. Via sua vida passando sem o amor que sempre desejara para si dentro de um ambiente familiar, com um filho extremamente sensível tendo sua infância destroçada pela mãe e uma filha que talvez não fosse nem lembrar do rosto da mulher que causou sua própria cegueira e consequente dependência, para o resto dos seus dias.

O sogro chegou quase três da manhã. Mário havia feito, ele mesmo, uma mala com tudo o que achava que a esposa fosse precisar por alguns dias. Quando eu for, levo mais, disse. Marisa foi colocada no carro do pai quase dormindo, ao lado de um Red Label do qual ela não queria se desgrudar. Antes de fechar a porta, ainda murmurou um, Você quer me separar dos meus filhos. Ele não respondeu.

Assim que amanheceu ligou para Janete e pediu a ela
— que há meses já vinha cuidando da produção sozinha
— para vir fazer um trabalho diferente: cuidar dos seus
filhos enquanto ele dava entrada num pedido de férias.
Ou era Janete ou não era mais ninguém, uma vez que
não tinha irmãos, seus pais estavam mortos, e a faxineira
só aparecia às terças e quintas. Ela topou, sem questionar
sua angústia.

Na semana seguinte, Mário estava de férias. Entretanto,
queria mesmo um distanciamento da mulher. Era impor-
tante que todos se mantivessem afastados dela, antes que
decisões fossem tomadas seguindo apenas o impulso da ira.

Ocupou o tempo das crianças com brincadeiras no par-
que, sorvetes e idas à praia. Nunca as viu rir tanto. Nesse
ínterim, cortou o cabelo de Salita pela primeira vez. A
menina passava as mãos na cabeça repetidas vezes, sem
acreditar no que os dedos sentiam. Ficou curtinho!, ad-
mirava-se, como se conseguisse ver. Um instante depois,
virou-se para onde sentia a presença do pai e disse, Estou
linda, papai? Estou linda? Ele sentiu um nó na garganta.
Era um privilégio ou uma maldição ser os olhos de alguém?
E quando seus próprios olhos não existissem mais, o que
seria de sua filha? Um peso eterno para Jeová? Com a voz
embargada conseguiu dizer, Mais linda do que sempre, e
nesse único segundo ficou feliz porque a filha não podia
ver o estado miserável em que ele se encontrava. Abraçou
a menina longamente. E chorou. Chorou porque não era
mais possível represar tudo o que vinha sentindo. Jeová
aproximou-se do pai e também o abraçou. E ficaram ali,
os três, abraçados em silêncio.

É hoje que vamos visitar a mamãe?, quis saber Jeová. Sua voz não era carregada de alegria nem saudade, parecia que ele queria se preparar para um momento difícil. É hoje, meu filho. Está animado?, perguntou, quase para si mesmo. Quero ver a mãe, mas a verdade é que estou gostando desses dias aqui. Você vai gostar dos dias no interior, disse o pai. Vai ser bom visitar o seu avô, andar de bicicleta, tomar banho nos açudes. Essa época do ano, já devem estar quase cheios por conta das chuvas. É bom mudar de ares, meu filho. Vou fazer a mala da Salita, respondeu o menino.

Pegaram a estrada pouco tempo depois. Quando chegaram, foram recebidos por Marisa na frente da casa. A mulher estava num vestido florido esvoaçante, e um sorriso que era quase uma presença física. Seu rosto estava corado, e ele notou que seu corpo estava mais cheio. Ao parar de beber, a mulher passara a se alimentar bem. Mário quase se perguntou se tudo o que vivera antes fora sua imaginação. Marisa não parecia nem a lembrança daquela que ocupara a vida do marido, do filho de dez anos e da filha de três nos últimos dezoito meses.

Dois ou três dias depois da chegada deles, durante um almoço em que Marisa e seu pai, Odílio, cantaram, contaram anedotas dos seus tempos de infância e comeram fartamente, o telefone tocou. Odílio atendeu. Pelo tom da conversa, logo todos souberam do que se tratava: alguns parentes queriam vir celebrar com Marisa o seu aniversário, que ocorreria dali a uma semana. A ideia era que todos se reunissem na casa de Odílio.

Vieram. Bebida e comida eram tão fartas que parecia cenário de *A última ceia*. Odílio chamou por Mário assim que viu o que a família havia preparado, Que providências devemos tomar? A de que Marisa não chegue perto de uma só gota, respondeu.

Não funcionou. Durante os dois dias que a festa durou, Mário viu sua esposa voltar a beber como se por dentro dela corresse uma foz. Sentia-se não diria enganado, mas ultrajado. Humilhado. E ingênuo. Sobretudo ingênuo. Então era mesmo aquilo o que tinha ao redor e dentro de si, pensou, olhando a mulher debruçada, dormindo, mal-ajeitada numa cadeira de plástico branca, duas garrafas aos seus pés. Novamente, Mário deparou-se com um sentimento que agora dera para se fazer notar: o ódio. Imaginou-se enfiando o gargalo da garrafa de Campari na boca da mulher, como se o ato de violência não fosse levá-lo a questionar a sua própria resistência em impor um limite para o que continuava a viver, depois de um breve hiato. Mais uma vez pensou em seus filhos, sempre seus filhos. No quão covarde ele era por protelar uma atitude que precisava ser consumada, sob a égide da ótica através da qual ele faria com que seus filhos enxergassem o mundo. Não era justo que um dia eles pudessem lhe esbofetear a cara dizendo que a culpa era dele, que pôde protegê-los contra a iniquidade da mãe e não o fez. Ou até seria justo, se ele se demorasse um pouco mais.

Naquela noite, a *entourage* se foi. Estavam cansados, mas se foram. Mário desconfiava que havia naquele fato a interferência de Odílio, um homem que sempre enfrentara suas demolições com uma postura hirta, como quem caminha pelos telhados em silêncio. De qualquer forma, ficaram os escombros. Sempre ficavam.

O derradeiro dia chegou para Mário se anunciando numa insônia. Levantou-se às quatro da manhã acompanhado de todos os seus demônios, o dia se esforçando para despontar no horizonte. Mas não era tempo, ainda. O homem caminhou para o açude, à beira do qual, até ontem, parecia haver um carnaval. Desamarrou a corda e desencostou o barco da enseada tentando afastá-lo de qualquer possibilidade de atrito. Queria pensar na vida, queria chorar suas dores cercado por água, entendendo que o que verteria de si não faria diferença naquele manancial. E era por saber-se na tentativa de dar a devida importância que ele se obrigava a não ser indiferente.

Dentro da casa, Marisa também estava acordada. Levantou-se da cama com muito esforço. Procurou os óculos tateando a escrivaninha lateral. Encontrou-o dentro da primeira gaveta. Colocou-os na cara antes por hábito do que por achar conscientemente que lhe fariam qualquer diferença. Aspirou bem fundo o ar, como se sentisse cheiro de café. Seu olfato longamente treinado mostrou-lhe onde estava a garrafa que abandonara ao adormecer. Tomou um gole para despertar, seguido de outros pela força do gesto. Deu bom dia para si mesma quando viu os primeiros raios de sol através das frestas da veneziana. Mário, disse quase num sussurro. Era antes um presságio. Algo dos tempos em que ainda eram caminhos de sentimentos sobrepostos, renascido nesse instante-quase, como um pedido. Marisa saiu da casa em direção ao açude e soube. Ao longe, por trás das lentes machadas dos óculos, viu o pequeno barco virar. Viu o marido debatecer-se em silêncio. Segurando a garrafa no alto, gritava seu nome como quem implora depois que se esvaíram todas as chances. Deu quatro ou cinco passos na direção das águas, mas seu último gesto de lucidez a avisou de sua própria morte. Marisa gritava, urrava, então os filhos saíram da casa em suas roupinhas de dormir. Ato-contínuo, Jeová viu o pai em seu persistente abraço nas águas e soltou um choro urgente, enquanto Salita via tudo com o olhar de dentro, inundada por um sentir tão raro quanto dolorido. Nenhum de seus filhos se aproximou da beira do açude. Marisa, porém, caminhou cegamente até sentir seus pés afundando na úmida areia preta às margens do local. Ouvia, e só ouvia, a brava luta do seu homem contra as águas. Deitou-se à beira do açude e bebeu de sua água como se colocasse para dentro de si o elixir da vida. O choro das crianças foi se assentando dentro delas, aprisionado. Marisa gritava e gritava, mas ninguém seria acordado pelo seu lamento.

Aos poucos, tudo foi se transformando em silêncio.

Este livro foi composto enquanto Charles Bradley cantava *No time for dreaming* em tipologia Meridien, em setembro de 2017, no papel pólen Soft, pela gráfica Forma Certa, para a Editora Moinhos.